IK BEN BEREID

JOHNNIE MOORE

Ik ben bereid

... om voor Jezus
te leven, en voor
Hem te sterven.

Alle Bijbelteksten in dit boek zijn overgenomen uit de Nieuwe Bijbelvertaling (NBV21), tenzij anders staat aangegeven.

Ik ben bereid

Originally published in English in the U.S.A. under the title:
The Martyr's Oath, by Johnnie Moore

Auteur: Johnnie Moore
Vertaler: Richard Kettmann
Redacteur: Willeke Herwig, Volzinnig
Omslagontwerp en typografie: Jonathan Reining, Jore ontwerp
Jaar van uitgave: oktober 2024

Uitgave: Gideon, Hoornaar, Nederland
www.gideonboeken.nl

ISBN: 978-90-5999-255-9
NUR: 707

Met de HEER aan mijn zijde
heb ik niets te vrezen,
wat kunnen mensen mij doen?

Psalm 118:6

INHOUD

INLEIDING

Nooit zal ik vergeten hoe tweeduizend volgelingen van Jezus in mijn bijzijn een martelaarseed aflegden.

Ik was in India bij een diploma-uitreiking van een Bijbelschool die door één van mijn mentors, de overleden Anglicaanse bisschop M.A. Thomas, was opgericht. Hij wist uit eigen ervaring hoe het was om vervolgd te worden en in een gevaarlijke wereld tot een religieuze minderheid te behoren. Maar hij wist ook dat de kracht van Gods liefde zelfs het hardste hart kan verzachten. Hij kwam uit een arm gezin en doorkruiste te voet het Indiase continent naar het gebied waar God hem wilde hebben. Tijdens zijn tocht droeg hij een groot bord met zich mee waarop hij het Evangelie had geschreven, zodat hij onderweg van God kon getuigen. Meteen na aankomst werd hij gevangengezet, maar hij leidde zoveel gevangenen tot Christus, dat de gevangenbewaarders hen er allemaal uitzetten. Die gevangenen werden de eerste leden van zijn kerk.

De bediening die hij in 1960 in Kota begon, groeide gestaag en leidde uiteindelijk tot 95 Bijbelinstituten, 61 weeshuizen, 43.000 nieuwe gemeenten, een ziekenhuis, medische klinieken, afkickcentra en een uitgeverij die in de vele Indiase talen lectuur verspreidde. Als bisschop had hij de leiding over tienduizend gemeenten die veelal in leprakolonies waren gesticht. Hij overleefde minstens vijftien moordaanslagen en liep mank omdat hij zo vaak was mishandeld. Toch droeg hij een opvallende crucifix om zijn nek, zodat radicale hindoes hem zouden herkennen. Hij schaamde zich niet voor het kruis.

Bisschop Thomas was er duidelijk over dat elk van zijn studenten pas een diploma verdiende wanneer hij of zij openlijk beleed Jezus te willen dienen, zelfs als dit hun dood zou betekenen. Ze moesten woord voor woord de door hem uitgesproken martelaarseed nazeggen. En dat deden ze – staande in een grote tent, naast een kerk die te klein was om hen te herbergen. Tot op de dag van vandaag bevindt er zich in die kerk een gedenkteken met de namen van afgestudeerden die hun leven al voor Jezus gegeven hebben.

Tijdens een bijeenkomst op de dag voor de diploma-uitreiking gooiden radicale hindoes eens molotovcocktails over de muur. Ze dreigden bisschop Thomas te vermoorden en de kerk in brand te steken. Ik hoor nog steeds de stem van de bisschop door de microfoon bulderen: 'Luister naar mij!' zei hij. 'Morgen wordt er bij deze kerk een dienst gehouden. Het wordt een begrafenisdienst of een afstudeerdienst, maar een dienst komt er!'

Hij was nergens bang voor.

De eerste keer dat ik zo'n dienst bijwoonde, schudde mijn geloof op zijn grondvesten. Het was tegen de veertig graden en er stond geen zuchtje wind. De geuren van kruiden en mensen vermengden zich toen tweeduizend studenten en hun familie en vrienden elkaar verdrongen. Anders dan ik in de Amerikaanse cultuur gewend was, klaagde er niemand over de warmte, de geur of het ongemak terwijl 'I Surrender All' gezongen werd.

Woord voor woord steeg het vastberaden gedreun van de studentenstemmen op uit die stoffige tent toen ze hun leven en dood aan Jezus toevertrouwden. Ik weet nog dat ik het gevoel had in het boek Handelingen te staan en een rauw, eerste-eeuws christendom te zien waarvoor ik in de Verenigde Staten was afgeschermd. Ik voelde me tekortschieten, maar ook plotseling en op een geheel nieuwe manier geestelijk tot leven gewekt.

Eindelijk klopte mijn geloof. Alle ongerijmde aspecten van het Nieuwe Testament kwamen in mijn hart bij elkaar toen ik deze authentieke uiting van geloof in Jezus zag. Echt geloof in Jezus. Deze dappere broeders en zusters waren niet alleen bereid voor Jezus te leven. Ze waren ook bereid voor Hem te sterven. Ik vroeg me af – en daarna nog zo'n duizend keer: 'Waarom hebben we in Amerika zo'n moeite om voor Jezus te leven, terwijl zij van harte bereid zijn om voor Hem te sterven?' Sinds ik Jezus door de ogen van de vervolgde kerk zie, ben ik totaal veranderd.

Dit boek heb ik geschreven omdat ik geloof dat ook jij zult veranderen wanneer je je geloof door hun ogen bekijkt. Het is mijn gebed dat hun verhalen je leven zullen veranderen en op ongedachte wijze zullen verrijken.

Dit boek heb ik ook geschreven omdat er in de Bijbel staat: 'Wanneer één lichaamsdeel pijn lijdt, lijden alle andere mee; wanneer één lichaamsdeel met respect behandeld wordt, delen alle andere in die vreugde' (1 Korintiërs 12:26). Ik heb het idee dat we de verhalen van onze vervolgde broeders en zusters nauwelijks kennen of erdoor geraakt worden. Beide zijn diep triest. Mijn vrienden bij Open Doors zeggen nogal eens: 'Als je Jezus volgt, is er een deel van je familie dat je hoognodig moet leren kennen: degenen die voor Jezus lijden en degenen die voor Hem zullen sterven.'

Volgens sommige schattingen sterft er elke vijf minuten een christen als martelaar voor zijn geloof. Voor velen is het vermijden van martelaarschap net zo makkelijk als het schrijven of zelfs zeggen dat ze hun geloof in Jezus afzweren. Maar voor deze vervolgde gelovigen is het Evangelie zo kostbaar, de troost van de Heilige Geest zo voelbaar en het voorbeeld van christenen die hen zijn voorgegaan zo stimulerend, dat zij hun geloof – ongeacht de prijs – niet verwaarlozen of afzweren.

Het heeft hen het leven gekost. En ons heeft het Evangelie in de meeste gevallen niets gekost.
Mijn team en ik hebben de hele wereld rondgereisd om vervolgde christenen te interviewen. We vroegen hun ons te vertellen wat God doet in en door gewone mensen, die met een overwinnend geloof buitengewone omstandigheden trotseren. In de komende hoofdstukken beschrijf ik in hun eigen woorden wat zij ons hebben verteld. We hebben hun verhalen opgetekend en aangevuld met wat we hebben gezien van hun lijdensweg en wat we daarvan kunnen leren. In elk verhaal komt de bereidheid om voor Christus te leven en te sterven naar voren, net als in de verklaring die de studenten van bisschop Thomas aflegden. Een voorbeeld is het gezin dat we in het Midden-Oosten ontmoetten. Deze mensen waren tot geloof in Christus gekomen toen ze de oorlog in Syrië ontvluchtten. Ze waren zelf radicale moslims geweest – tot ze op een wonderbaarlijke manier een ontmoeting met Jezus kregen. Het nieuws over hun bekering bereikte hun familie in Syrië, die daarop in stevige bewoordingen reageerde: als ze niet tot de islam terugkeerden, zouden ze door kruisiging worden gedood. De nieuwe volgeling van Jezus antwoordde zijn zwager: 'We zijn bereid om voor Jezus te sterven, maar kruisig ons alsjeblieft niet. We zijn het niet waard om op dezelfde manier als onze Verlosser te sterven.'
Anders dan jihadistische martelaren, die met hun daden de aandacht – en angst – van de wereld willen trekken, willen deze volgelingen van Jezus niet sterven om een plaats in de hemel te *verdienen*. Hun bereidheid om te sterven is een uiting van dankbaarheid voor het geschenk dat ze *al ontvangen hebben*: Gods verlossing door Jezus en Zijn belofte om voor altijd met elkaar in een echte hemel te wonen. Ze sterven met gebeden van liefde en vergeving op hun lippen. Met hun laatste adem belijden ze Jezus' goedheid en liefde voor de wereld.

Dat is nog een reden waarom ik dit boek geschreven heb. In een tijd waarin we – net als bij onze broeders en zusters in de eerste eeuw – getuige zijn van martelaarschap en vervolging, zien we ook de wonderen die in de vroege kerk plaatsvonden. Bijna elke dag heeft er wel een terrorist 'op weg naar Damascus' een ontmoeting met Jezus. Er staan talloze 'Paulussen' op in onze tijd. Velen van hen zijn net zo wonderlijk tot geloof gekomen als hij en velen zullen net zo lijden en sterven als hij. Allemaal geloven ze dat Jezus de enige, ware Hoop voor de wereld is.

Eerste-eeuwse vervolging in de eenentwintigste eeuw is een vreselijk kwaad, maar brengt ook een eerste-eeuwse oogst voort van miljoenen mensen die vanuit de meest onwaarschijnlijke achtergronden Jezus gaan volgen.

Dit zijn hun waargebeurde verhalen en het is mijn hoop dat ook jij, wanneer je aan het eind van dit boek bent gekomen, bereid bent om de martelaarseed af te leggen die ik zowel aan het begin als aan het eind van dit boek heb toegevoegd. De titel van elk hoofdstuk is een zin uit die eed en de verhalen van dat hoofdstuk illustreren wat het betekent om die verklaring in praktijk te brengen.

Maar wat belangrijker is: ik hoop dat je – waar je ook bent en of het je nu veel of weinig kost – zult leren hoe te leven voor de Jezus voor Wie zij sterven.

Johnnie Moore

VOORWOORD

DOOR MAARTEN DEES

Dit is een aangrijpend en confronterend boek, dat wil ik je voordat je gaat lezen alvast vertellen. Vrijwel dagelijks word ik in mijn rol als directeur van Open Doors Nederland geconfronteerd met de schrijnende verhalen van onze geestelijke broers en zussen die worden vervolgd. Toch raakten de getuigenissen die Johnnie Moore in dit boek heeft opgetekend mij opnieuw diep in het hart.

Voordat je begint te lezen, wil ik je graag een paar vragen stellen:

- Ben je bereid om kritisch te kijken naar je eigen christenleven?
- Wil je beloven dat je biddend zult reflecteren op dit boek?
- En wil je God vragen jou te laten zien hoe jij concreet van Hem mag getuigen?

Het is belangrijk om het lezen van dit boek zo op scherp te zetten. Want uiteindelijk gaat het erom dat het Koninkrijk van Jezus Christus, zoals dat zich in ons leven, in ons handelen en spreken manifesteert, werkelijk baan breekt in onze wereld. Wij zijn Gods handen en voeten op aarde en we mogen het Goede Nieuws brengen. Of nog mooier: we mogen Zijn geur verspreiden (2 Korintiërs 2:15). Onze God wil dat alle mensen Jezus Christus zullen aannemen als hun Verlosser en gered zullen worden. Maar zoals in Romeinen 10 vers 14 staat: hoe kunnen de mensen in Hem gaan geloven als niemand hun over Hem vertelt?

We kunnen als Nederlandstalige gelovigen veel leren van de moedige en onvermoeibare toewijding van vervolgde christenen. Het gaat over hen als we lezen: 'Zij hebben hem dankzij het bloed van het Lam en dankzij hun getuigenis overwonnen. Met de dood voor ogen hechtten ze niet aan het leven' (Openbaring 12:11).
Nu je dit boek gaat lezen, bid ik dat het je zal inspireren om, opnieuw of voor het eerst, je leven aan onze Heer en Zijn Koninkrijk toe te wijden. Wat de consequenties ook zullen zijn.

Achter in dit boek tref je een aantal manieren aan waarop jij de vervolgde kerk concreet kunt helpen. Alsjeblieft, ga of blijf bidden voor onze geloofsgenoten die wereldwijd worden verdrukt! Ook jouw unieke talenten en financiële middelen kunnen voor hen tot grote zegen zijn. Ik ben benieuwd wat God in en door jouw leven teweeg gaat brengen.

Van harte Gods zegen toegewenst.

Maarten Dees
directeur Open Doors Nederland

DE MARTELAARSEED

Ik ben een volgeling van Jezus. Ik geloof dat Hij onder ons heeft gewoond en gewandeld, voor onze zonden is gekruisigd en uit de dood is opgestaan, zoals in de Bijbel staat. Ik geloof dat Hij de Koning van de aarde is en Zijn kerk zal thuishalen.

Zoals Hij Zijn leven voor mij heeft gegeven, ben ik bereid mijn leven voor Hem te geven. Met alle adem die ik heb zal ik vrijmoedig Zijn Evangelie verkondigen. Of ik nu veel of weinig heb, veilig of belaagd ben, in vrede of angst leef: ik zal – en ik *kan* – niet zwijgen. Zijn onfeilbare liefde is beter dan het leven en vanwege Zijn genade kan ik niet anders dan Zijn naam verkondigen, al kost het mij alles. Al kijk ik de dood in de ogen, ik zal Hem niet verloochenen. En zelfs wanneer de duisternis mij omvat, zal ik niet vrezen, want ik weet dat Hij mij altijd bijstaat. Al word ik vervolgd, ik weet dat ik niet tegen de mens heb te strijden, maar tegen de machten van het kwaad. Ik zal niet haten, want God heeft mij geroepen om lief te hebben. Daarom vergeef ik wie mij bespotten, ben ik genadig voor wie mij slaan en heb ik lief wie mij haten. Ik zal me kleden in zachtmoedigheid en vriendelijkheid, zodat degenen om mij heen – vooral als ze me mishandelen – het gezicht van Jezus in mij weerspiegeld zien.

Ik heb mijn kruis op me genomen. Ik heb al het andere afgelegd. Ik weet dat mijn geloof mij het leven kan kosten, maar ik zal Jezus tot het eind toe liefhebben en volgen – wanneer en hoe dat einde ook zal zijn. Mocht ik voor Jezus sterven, dan belijd ik dat dit niet is om verlossing te ontvangen, maar om dankbaarheid

te tonen voor de genade die ik al ontvangen heb. Ik sterf niet om mijn beloning in de hemel te verdienen, maar omdat Jezus mij de ultieme beloning al gegeven heeft door mijn zonden te vergeven en mijn ziel te verlossen.
Voor mij is het leven Christus en het sterven winst.

In Jezus' Naam,
Amen.

1

IK BEN EEN VOLGELING VAN JEZUS

We worden van alle kanten belaagd, maar raken niet in het nauw. We worden aan het twijfelen gebracht, maar raken niet vertwijfeld. We worden vervolgd, maar worden niet in de steek gelaten. We worden geveld, maar gaan niet te gronde.

2 Korintiërs 4:8-9

In de twintigste eeuw zijn er meer christenen om hun geloof omgebracht dan in alle voorgaande eeuwen bij elkaar.

Er wordt wel gezegd dat de vervolging waaraan christenen tegenwoordig blootstaan niets anders is dan een herhaling van de geschiedenis. Dan bedoelt men dat er eigenlijk weinig is veranderd. Maar dat is niet waar. Christenvervolging is dramatisch toegenomen en manifesteert zich in meer vormen dan ooit.

Open Doors is een internationale organisatie die onder meer de mate van christenvervolging in de wereld bijhoudt via de Ranglijst Christenvervolging. Die ranglijst is gebaseerd op gedocumenteerde gegevens maar de werkelijke aantallen liggen waarschijnlijk veel hoger. In landen waar mensen worden onthoofd, levend verbrand of tot slaaf gemaakt, valt het niet mee om gegevens te verzamelen.

Het is alsof het satan nu echt menens is en hij alles uit de kast haalt om de volgelingen van Jezus van de aarde weg te vagen. Hij wil ons afmaken en wel zo spectaculair mogelijk. Toch is het christendom nu – met meer dan twee miljard gelovigen – de grootste godsdienst ter wereld. Jezus is aan de winnende hand. Wat wakkert die haat bij satan en mensen zo aan? Dat komt door wat wij geloven, wat ik in de martelaarseed als volgt heb samengevat:

Ik ben een volgeling van Jezus. Ik geloof dat Hij onder ons heeft gewoond en gewandeld, voor onze zonden is gekruisigd en uit de dood is opgestaan, zoals in de Bijbel staat. Ik geloof dat Hij de Koning van de aarde is en Zijn kerk zal thuishalen.

Paulus schreef destijds dat het woord van het kruis voor hen die verloren gaan dwaasheid is (zie 1 Korintiërs 1:18). Die mening wordt tegenwoordig nog steeds verkondigd, vooral in seculiere landen waar het christelijk geloof steeds meer uit het publieke domein wordt verdreven. Maar in bepaalde delen van de wereld wordt het geloof in Christus als erger dan dwaas gezien. Het wordt als een bedreiging beschouwd en er staat de doodstraf op. Onder communistische regimes, die volkomen en onvoorwaardelijke loyaliteit verlangen, worden christelijke overtuigingen als 'Jezus is Heer' en 'wij zijn burgers van een hemels Koninkrijk' als opstandig gezien. En in de islamitische wereld is het godslastering om te beweren dat Jezus de enige weg tot de Vader is.
Nu we aan het begin van dit boek nadenken over wat het betekent om een volgeling van Jezus te zijn, vraag ik je deze verhalen uit Nigeria te lezen, waar het volgen van Jezus een aantal trouwe gelovigen bijna alles heeft gekost.

▸ NIGERIA

Doris, Uche en Gabriël

Kerstavond 2010 in Jos, Nigeria: in een drukke voorstad gonst het op straat van de mensen die hun laatste inkopen doen. Doris, die net een jaar weduwe is, snuffelt tussen de marktkramen. De moeder van drie kinderen heeft nog één ding nodig voordat ze met koken kan beginnen.
Uche, een man van middelbare leeftijd met kort haar en een snor, loopt van zijn werk naar de markt om voor het kerstfeest van zijn gezin boodschappen te doen.
Gabriël is vader van twee kinderen. Hij heeft een slank postuur en draagt een keurig wit overhemd met korte mouwen, zonder borstzak. Hij staat in de stoffenkraam van zijn moeder en ziet iets vreemds. Hij heeft vrijgenomen van zijn werk en is alleen maar naar dit stadsdeel gekomen om haar te helpen. Terwijl hij druk bezig is, ziet hij dat een paar mannen een pakket bij de kraam achterlaten. Dat vindt hij vreemd, maar net als andere kooplui en klanten doet hij er niets aan – het is kerstavond en iedereen wil gewoon naar huis en naar zijn familie.
Als het bijna 19.00 uur is, wordt de markt door een reeks explosies opgeschrikt. Een stadsbus gaat in vlammen op, waardoor de avondhemel oranje en rood kleurt. Brandende winkels, huizen en auto's voegen er een angstwekkend, dansend licht aan toe. De geur van chemicaliën, verkoold hout en hitte verspreidt zich door de lucht. De straten liggen bezaaid met etenswaren, kledingstukken en lichaamsdelen.
Doris, Uche en Gabriël zijn slechts enkelen van de honderden mensen die sinds de explosies een zwaar leven hebben. En toch hebben zij geluk. In de buurt zijn twee kerken getroffen en in een christelijke wijk is ook een bom afgegaan. In totaal zijn er in de dagen na deze aanslagen meer dan tachtig begrafenissen gehouden.

Maar de kerk is er nog en de overlevenden kiezen ervoor om te blijven. Ze blijven de Naam van Jezus verkondigen en spreken vrijmoedig over Zijn genade. Zwijgen was veiliger geweest. Vluchten ook. Maar voor hen draait het niet om veiligheid. Het gaat om het voorrecht om op de allerdonkerste plekken het licht van Jezus te mogen brengen.

Doris

Ik was op de markt en onderweg naar huis, toen er bij een brug een bom afging. Ik had kruiden gekocht voor het koken. De bom ontplofte en ik werd van de grond getild. Toen ik op de grond viel, probeerde ik op te staan. Maar ik viel weer en besefte dat mijn been deels eraf geblazen was.
Na het ongeluk werd ik naar het ziekenhuis gebracht en daar is mijn been geamputeerd. Nu loop ik langzaam en soms val ik. Ik weet niet eens wie mijn ziekenhuisrekeningen heeft betaald. Misschien de overheid, maar dat weet ik niet zeker.
Mijn kerk helpt me. Ik heb vijf kinderen en die ondersteunen me ook. Ik woon bij mijn dochter en haar man. Ik dien de Heer met heel mijn hart, want Hij heeft mij gespaard. Die dag zijn er velen gestorven, dus ik ben Hem veel verschuldigd. Ik dank Hem voortdurend. Omdat Hij mij gespaard heeft, weet ik dat Hij wil dat ik Zijn werk voortzet.

Uche

God heeft me gezegend met drie kinderen. Ik ben metaalbewerker en op kerstavond was ik eerder gestopt vanwege het feest. Ik ging naar de markt bij mij in de buurt om dingen voor ons kerstfeest te kopen. Ik hoorde vlakbij een bom afgaan en heb toen mijn beide benen verloren.
Ze brachten me naar het ziekenhuis, waar ik maandenlang moest blijven. Mijn collega's hebben geholpen de rekeningen te betalen. Na mijn behandeling ben ik met twee kunstbenen

naar huis gegaan. Ik moet nog steeds dure medicijnen kopen. Mijn vrouw wilde niet bij me blijven en is bij mij en de kinderen weggegaan.
Ik kan niet terug naar mijn werk, dus het is moeilijk om het schoolgeld van mijn kinderen te betalen. Op de plek waar we wonen kunnen we nauwelijks rondkomen, maar we hebben geen geld om te verhuizen. Het leven is niet gemakkelijk voor ons gezin.

Gabriël

Ik ben arbeider en heb twee kinderen. Mijn moeder heeft haar eigen stoffenkraam op de markt.
Op kerstavond nam ik vrij van mijn werk om haar te helpen, omdat ze zoveel klanten had. Ik zag dat een paar moslims iets achterlieten. Maar ik lette er niet op omdat ik druk bezig was. Rond zeven uur ontplofte de bom in de kraam.
Er kwamen veel mensen om en ik raakte gewond aan mijn been. Ik werd snel naar het naburige ziekenhuis gebracht, waar ze me begonnen te behandelen. Maar er waren niet genoeg artsen. Mijn been is geamputeerd en nu heb ik een kunstbeen.
Ik moet elke dag medicijnen kopen. Mijn oude werk kan ik niet meer doen. Mijn moeder is op leeftijd. Haar handel is ingestort en ze is depressief. Ik kan niet genoeg werken en niet voor haar zorgen. Mijn kinderen zijn nog klein. Ze kijken naar me op. Maar ik kan ze niet eens optillen, want ik kan geen zware dingen meer tillen. Mijn verminkingen vormen een grote handicap.
Mijn moeder is van mij afhankelijk. Ik moet haar financieel ondersteunen. Maar ik ben afhankelijk van anderen die me eenvoudige klusjes geven. Ik moet ook voor mijn vrouw en kinderen zorgen, dus ik heb vast werk nodig.
Echt, dit is de werkelijkheid waarin wij leven. Het is alleen aan God te danken dat we nog in leven zijn.
Wij geloven allemaal in Christus. Hij is onze Heer en Verlosser en bij Hem zijn alle dingen mogelijk. Hij is onze bron. Mensen

kunnen je deze dingen niet geven, dus ik sta stevig in mijn geloof. Zonder Hem kunnen we niets doen.

▸ NIGERIA

Hannah

De zestienjarige Abigail lag in de examenweek te slapen op de slaapzaal van haar school. Ze hoefde nog maar één opdracht in te leveren, dan had ze het schooljaar afgerond. Daarna kon ze naar huis om van haar leven als tienermeisje te genieten.
Terwijl Abigail sliep, wist ze niets van de telefoontjes die vanuit naburige dorpen naar haar gebied werden gepleegd om de dorpelingen te waarschuwen dat de islamitische terreurgroep Boko Haram hun kant op kwam. Ze wist niets van de mislukte pogingen om meer beveiliging naar haar school te krijgen. Waarschijnlijk wist ze niet eens dat Boko Haram had gedreigd om scholen in brand te steken en kinderen te ontvoeren. Het enige wat ze wist, was dat ze bij haar vriendinnen en klasgenoten was, dat haar ouders in de buurt woonden, dat er buiten haar slaapzaal beveiligers waren en dat ze nog maar één opdracht hoefde te maken.
In augustus 2016 was Abigail te zien in een filmpje van Boko Haram om te bewijzen dat de 276 scholieren die op 14 april 2014 waren ontvoerd nog in leven zijn. In haar eigen Hausa-taal, en duidelijk onder dwang, verklaart ze: ‘Onze ouders moeten niet de moed verliezen. Praat met de regering om te zorgen dat we naar huis mogen. Red ons, alsjeblieft. Door de vliegtuigen die kwamen zijn er velen van ons gedood. We hebben het heel moeilijk hier. Er is geen eten en geen goed drinkwater.’
Vervolgens komt er een terrorist in beeld. Hij herhaalt dezelfde eisen: dat de overheid de gevangengenomen Boko Haram-strijders moet vrijlaten. ‘Anders laten we deze meisjes nooit meer gaan.’

Binnen 36 uur na de aanslag op de school ging het in de media over niets anders dan de ontvoerde meisjes. De hele wereld was erdoor gegrepen en miljoenen mensen plaatsten berichten met de hashtag #BringBackOurGirls. Zelfs de voormalige First Lady van Amerika, Michelle Obama, deed mee aan de smeekbeden op sociale media. Maar alle inspanningen van burgers en overheden ten spijt, Boko Haram was niet onder de indruk. Ze hielden de meisjes gevangen, dwongen hen om zich tot de islam te bekeren en maakten een aantal van hen tot seksslaven of soldaten.
Abigails moeder Hannah was zelf ook in het nieuws. Ze verweet de overheid de meisjes niet te redden en schreef dit toe aan het feit dat ze uit een arm dorp komt.
Ongeveer zestig van de oorspronkelijk ontvoerde meisjes zijn erin geslaagd te vluchten, maar Abigail niet.
Hannah draagt een doek om haar hoofd met hetzelfde felgekleurde, geometrische motief als van haar jurk. Met opgeheven hoofd spreekt ze zich stellig en zelfverzekerd uit. Ze praat vrijuit tot ze aan het eind van haar verhaal komt. Dan klinkt ze diepbedroefd en spreekt ze met lange tussenpozen. En dan huilt ze. Ze huilt alleen maar. Ze is God dankbaar voor de vier kinderen die ze heeft, maar niets kan de plaats van haar kleine schat innemen. Ze is kranig. Ze is vurig. Ze is moeder. Ze is vastberaden. Ze is boos.

Het was een vreselijke nacht, die veertiende april 2014. We hadden geen informatie, geen idee, geen nieuws, niets. We hoorden alleen geweerschoten uit de richting van haar kostschool komen. Heer, mijn dochter! Al mijn kennis, mijn verstand, mijn hoofd, mijn kracht, mijn energie ging naar die school uit.
We hadden gehoord dat ze scholen wilden aanvallen om kinderen te ontvoeren. Ik belde mijn zus. Ze wist niets. Ze zei: 'Geef het maar op voor vanavond.' Maar ik zei: 'Ik ga naar de school om mijn kind te halen!'

Mijn man hield me tegen. Hij zei: 'Er is beveiliging op school.' Maar ik hoorde de geweerschoten, dus ik wilde vechten. Ik pakte een paar stenen, want die liggen hier overal.
Het was een lange, lange nacht.
Meestal waren er veertien of vijftien veiligheidssoldaten aanwezig, maar die konden niet winnen. We weten niet wat er is gebeurd. Maar we hoorden Boko Haram van elf uur 's avonds tot vier uur 's morgens schieten en brand stichten. Om vier uur werd het stil, dus toen renden we naar de school. De meisjes waren weg. We zagen hun uniforms en hun jurkjes overal verspreid liggen. We dachten dat de meisjes hadden geprobeerd te ontsnappen of dat de beveiligers hen hadden gered, of zoiets. Maar de hele school was zwartgeblakerd. Het dak was weg. Alles was in brand gestoken.
We kwamen een meisje tegen en vroegen haar: 'Waar zijn de meisjes?' Ze zei: 'Dat weet ik niet.' Ik schreeuwde: 'Waar is mijn kindje?' Ik riep haar naam: 'Abigail!' Het meisje zei: 'Misschien is ze naar huis gegaan.' Ze wist niet wat er was gebeurd. Ik schreeuwde: 'Ze is niet thuis!' Toen stelde ik haar nog een aantal vragen. Het meisje zei dat ze zich die avond niet lekker had gevoeld. Ze had in een andere slaapzaal geslapen en werd wakker van het geluid toen Boko Haram het gebouw in brand stak. Toen ze naar buiten wilde, merkte ze dat de hitte van het vuur te hevig was. Daarom was ze uit het raam en in een boom geklommen. Ze had zich laten zakken, was over een hek geklommen en weggerend. Zo was ze ontsnapt.
We praatten met haar en bleven toen bij de school, in de hoop onze meisjes te zien. Na een uur of twee kwamen er een paar meisjes naar de school toe lopen. We renden naar hen toe en vroegen: 'Wat is er gebeurd?' Ze zeiden: 'Boko Haram heeft ze allemaal ontvoerd en ingeladen.'
'Hoe dan?' vroeg ik. Ze zeiden: 'In een vrachtwagen.' De ontsnapte meisjes zeiden dat ze in vrachtwagens en auto's waren geladen en meegenomen.

Het was een openbare, door de overheid geleide kostschool, waar de jongens 's morgens naar de lessen kwamen en 's avonds, als de school dicht ging, weer naar huis gingen, maar de meisjes bleven slapen in de slaapzaal. Dus de jongens waren veilig, omdat ze thuis bij hun ouders waren, maar de meisjes... De meisjes... was dit overkomen!
Ik heb veel meisjes gesproken. Veel meisjes. Ik probeerde erachter te komen waar mijn kind was. Ik heb een nichtje dat bij haar was en is ontsnapt. Ze zei dat Abigail dicht bij de chauffeur in de vrachtwagen had gezeten. Abigail kon er niet uit springen. Mijn nichtje riep naar haar dat zij uit de wagen zou springen, maar Abigail kon dat niet doen. Ze kon niet ontsnappen.
Een ander meisje, dat de volgende dag was ontsnapt, zei dat ze mijn meisje had zien slapen. Abigail was moe, want onderweg was hun vrachtwagen stukgegaan. Ze waren lopend naar het Sambisawoud gegaan. Daar zijn ze nog steeds.
Er is nu een onderhandelaar bij Boko Haram. Vorig jaar, op 25 december, hebben ze vijftien van de meisjes geïnterviewd. Er zitten nog honderden meisjes gevangen. Het leger zoekt nog steeds naar hen en kamt het bos uit. Ze zeggen dat het er te gevaarlijk is. Ze kunnen geen geweld gebruiken, omdat dat de meisjes in gevaar kan brengen. Boko Haram kan de meisjes iets aandoen. Ze kunnen hen als menselijk schild gebruiken.
Mijn kind was toen nog geen zestien, maar nu is ze achttien. Ze was met haar eindscriptie bezig. Ik heb geen idee waar ze is. Ik hoop dat we haar ooit terug zullen zien. Gebed is de enige sleutel tot succes. Met God is het mogelijk. Hij is een grote God. Mijn kindje...

Eén ding is zeker. Zowel de bomaanslag op de markt in Jos als de ontvoering van schoolmeisjes door Boko Haram waren misdaden die specifiek tegen christenen waren gericht. De islamitische extremisten gingen van het ene christelijke dorp naar het andere om Nigeriaanse christenen te terroriseren.

Alleen al in één provincie is zeventig procent van de kerken vernietigd.
Jezus zegt tegen Zijn discipelen: 'Wie niet zijn kruis draagt en achter Mij aan komt, kan niet Mijn leerling zijn. Want wie van jullie die een toren wil bouwen gaat niet eerst de kosten berekenen, om te zien of hij wel genoeg heeft voor de bouw?' (Lucas 14:27-28). Veel christenen in de wereld, en zij die hun verhalen hier vertellen, hebben de kosten berekend. Wat ze ook te lijden hebben – of ze nu hun gezondheid, hun broodwinning of zelfs hun leven of hun kinderen moeten opgeven – ze erkennen dat Jezus dit alles te boven gaat.
Ik vraag me af hoevelen van ons in het Westen de kosten van het volgen van Jezus berekend hebben – en ik bedoel *echt* berekend hebben. Enkelen van ons denken misschien dat ze dat gedaan hebben. We denken gewoon niet dat we Jezus zo hard nodig hebben. Jezus is de ultieme 'toegevoegde waarde' aan de versie van een goed leven die wij gecreëerd hebben – het sluitstuk van een fijn leven. Hij mag onze beslissingen goedkeuren en helpt ons misschien nu en dan uit de penarie, maar Hij vraagt niet al te veel van ons. Wij vragen niet veel van Hem, dus Hij kan niet veel van ons vragen.
Mag ik dan de dappere woorden van Gabriël onder je aandacht brengen:
'Wij geloven allemaal in Christus. Hij is onze Heer en Verlosser en bij Hem zijn alle dingen mogelijk. Hij is onze bron. Mensen kunnen je deze dingen niet geven, dus ik sta stevig in mijn geloof. Zonder Hem kunnen we niets doen.'
Zonder Hem kunnen we niets doen.
In onze individualistische cultuur van zelfredzaamheid zijn dat radicale woorden. Ze zijn een erkenning van de heerschappij van Jezus en Zijn gezag over elk aspect van ons leven. En Jezus' gezag is iets waaraan we onszelf van harte, met liefde en verlangen zouden moeten onderwerpen.

Wat betekent het voor ons, die in één van de welvarendste landen van de wereld leven, om ons te verbinden met degenen die hun leven verliezen omdat ze in Jezus geloven? Hoe ziet het berekenen van de kosten eruit voor ons?
Deze moedige gelovigen, die zelfs wanneer ze alles dreigen te verliezen vol vertrouwen en zonder angst getuigen, wijzen ons de weg. Zeker, gelovigen in de hele wereld hebben onze gebeden en onze financiële steun nodig. Het is niet ongewoon dat christenen in landen waar vervolging heerst geen enkel sociaal vangnet hebben. En christenen die wisten te ontsnappen, mogen vaak niet werken in de landen die hen hebben opgevangen, wat hen kwetsbaar maakt. Ze hebben *onze* hulp nodig.
Maar wij hebben ook *hun* hulp nodig.
Want met alles wat wij misschien doen om hen te helpen, helpen zij ook ons. Ze inspireren ons tot een grotere toewijding aan Jezus. Ze inspireren ons om te *leven* voor de Jezus voor Wie zij bereid zijn te *sterven*. Hun getuigenis roept ons op om ons eigen geloof serieuzer nemen en dat leidt ertoe dat we de echte kracht van Jezus ontdekken.

2

IK BEN BEREID MIJN LEVEN TE GEVEN

Houd daarbij vast aan het woord dat leven brengt. Dan kan ik op de dag van Christus trots zijn omdat ik me niet voor niets heb ingespannen en niet voor niets heb afgemat. Zelfs al zou mijn bloed als een offer worden uitgegoten, in aanvulling op het offer dat u brengt door de dienst van uw geloof, dan nog ben ik vol vreugde, samen met u allen.

Filippenzen 2:16-17

Boko Haram, de islamitische terreurgroep die verantwoordelijk is voor de ontvoering van ruim tweehonderd schoolmeisjes van de middelbare school in Chibok, Nigeria, is op dit moment de dodelijkste vijand van het christendom – nog veel dodelijker dan IS, waaraan Boko Haram trouw heeft gezworen. Mensenrechtenactivisten merken op dat Boko Haram – meer nog dan IS – mensen heeft vermoord. De ware aantallen zijn waarschijnlijk nog groter. Boko Haram heeft IS altijd al overtroffen, zowel qua aantallen als qua aard van de gruwelijkheden.

Wat het christendom aangaat, is een Boko Haram-leider volkomen duidelijk over zijn bedoelingen: 'We blazen elke kerk die we kunnen bereiken op en doden alle burgers van het kruis die we vinden.'

Eén ding is zeker bij Boko Haram: ze willen Nigeria etnisch zuiveren van christenen om daarna in heel Afrika hetzelfde te doen. Als ze het konden, zou Boko Haram alle christenen van de aardbodem wegvagen, tenzij we bereid zouden zijn ons tot hun extremistische vorm van islam te bekeren.
Om die reden vormt Noord-Nigeria de frontlinie van de strijd van de extremistische islam tegen het christendom in Afrika. Aan deze frontlinie ontmoeten we Rose, een bijzondere, jonge vrouw, die met haar moed en offervaardigheid in onvoorstelbare vervolging de kern van de martelaarseed laat zien.

▸ NIGERIA

Rose

Rose heeft een frisse uitstraling en er speelt een verlegen glimlach om haar mond. Terwijl ze spreekt, bestudeert ze de lange, goudkleurige gordijnen in het café en staart ze door het glazen tafelblad naar de vloer. Ze legt haar ene hand in de andere om een arm te ondersteunen. Buiten lopen Nigeriaanse voetgangers luidruchtig over een druk trottoir. Het rumoer maakt het lastig om Rose' hese stem te horen, die nauwelijks meer dan een fluistering is. Haar toon is niet natuurlijk. Die is duidelijk het resultaat van een afschuwelijk verhaal, een vreselijke herinnering.
Verder lijkt de jonge vrouw in alles op een gewone Afrikaanse voetbalmoeder. Haar zwarte haar is strak naar achteren gebonden, ze heeft vriendelijke ogen en een prettige uitstraling. Je zou denken dat ze met een vriendin over haar kinderen en haar man zat te praten. Maar als ze zich omdraait, zie je het doolhof aan littekens op haar nek en valt op dat de ondersteunde arm verminkt is. Wanneer ze spreekt, gaat het niet over een zaterdagse voetbalwedstrijd of een grappige poging van een echtgenoot om zijn zoon te coachen. In plaats daarvan vertelt

ze kalm hoe ze ooit in het noordoosten van Nigeria onder de dreiging van Boko Haram leefde – en over de nacht dat eerst haar man en toen haar twee kinderen voor haar ogen werden onthoofd.
Het uitspreken van twee simpele woorden – Allahoe Akbar – was het enige wat tussen Rose en de dood in stond. Maar haar geloof stond haar niet toe ze uit te spreken. In plaats daarvan sprak ze een gebed van één woord: 'Jezus.' Ze was bereid haar leven voor Jezus te geven. Tenslotte had Hij Zijn leven voor haar gegeven.

Ik rende en rende. Ze hadden met een kapmes mijn arm geraakt, dus ik trok mijn shirt uit en wikkelde het eromheen om het bloeden te stoppen. Maar drie mensen haalden me in en gaven me een harde duw. Ik viel op de grond. Ze begonnen op mijn nek in te hakken. Ze zeiden: 'Zeg Allahoe Akbar!'
Ik zei: 'Nee, dat doe ik niet!'
Telkens wanneer ik dat zei, sneden ze in mijn nek en riepen ze nog feller: 'Zeg het! Allahoe Akbar, Allahoe Akbar!' Maar ik riep: 'Jezus! Jezus!' tot ik niets meer kon zeggen.
Zelfs toen probeerde ik Zijn naam nog te noemen. 'Jezus!'
Het gebeurde toen mijn man en ik met twee van onze drie kinderen thuis waren. Hij was politieman. Mijn oudste dochter was op bezoek in een ander dorp. Mijn man hoorde buiten schoten en zei: 'Dat klinkt niet als politiewapens. Dat moet Boko Haram zijn.'
Hij zei dat hij officiële toestemming had om zichzelf te verdedigen als ze ooit kwamen. 'Deze mensen zijn hier om ons te doden,' zei hij. 'Maar voor ze ons doden, zal ik vechten.'
Hij heeft het geprobeerd.
Toen de terroristen naar binnen stormden, schoot mijn man op iedereen die door de deur kwam. Hij had 36 kogels en vuurde ze allemaal af. Ik zag acht mensen dood neervallen en zag anderen gewond wegvluchten. Toen had hij geen kogels meer. Ze kwamen

binnen en zeiden dat hij moest gaan liggen. Toen hakten ze het hoofd van mijn man er helemaal af en daarna de hoofden van onze kinderen.
Ik bukte me alsof ik ging liggen, maar toen sloeg ik op de vlucht. Ik was zes maanden zwanger en voelde me niet goed. Toen ik langs hen heen rende, haalden ze met een kapmes uit naar mijn arm. Dat hield me niet tegen. Ik bleef rennen, maar ze haalden me in en duwden me op de grond. Ze hebben diep op mijn nek ingehakt. Ik bloedde zo hevig dat ze me voor dood lieten liggen.
De aanslag was op een woensdagavond en ik heb daar tot vrijdag gelegen. Het regende. En het waaide. Ik zat onder de muggen. Ik moest ze van me af slaan. Toen kwamen er hulpverleners om de lijken weg te halen. Ik hoorde ze. Ik stak mijn hand op. Ze zeiden: 'Daar leeft nog iemand!'
Dat was het eerste wonder dat ik ooit heb meegemaakt. Hoe heb ik daar langer dan 36 uur kunnen liggen? Zoveel bloed verloren en toch leef ik nog. Het was God die me heeft beschermd. God die me in leven hield.
Ik heb drie maanden op de intensive care gelegen. Mijn familie heeft een deel van mijn ziekenhuisrekeningen betaald en me bezocht. Ik kreeg voeding door een slangetje. Ze zeiden dat het slangetje blijvend was. Toen beseften zendelingen uit dit gebied dat ik betere zorg nodig had en zij hebben me naar een christelijk ziekenhuis gebracht. De artsen hebben me een paar keer geopereerd en ook de voedingsslang verwijderd. De zenuwen in mijn arm zijn nog steeds zwaar beschadigd en pijnlijk. Het kindje dat ik droeg heb ik verloren. Ik heb mijn man verloren. Ik heb mijn zoons verloren.
Toen ik eindelijk thuiskwam, had mijn schoonfamilie al onze bezittingen meegenomen. Als ik onze spullen terug wilde krijgen, moest ik met de broer van mijn overleden man trouwen, zeiden ze. Maar dat weigerde ik. Ze hadden de voogdij opgeëist over mijn twaalf jaar oude dochter, mijn enige, nog levende kind. Later

heb ik de voogdij weten terug te krijgen en toen zijn we bij mijn ouders ingetrokken.
Een paar jaar later, op een ochtend om een uur of tien, begon Boko Haram het dorp van mijn ouders te beschieten en in brand te steken. Niet te geloven, toch? Alweer een aanslag. Ik heb mijn dochter, mijn moeder en mijn zus meegenomen en we zijn weggerend. We konden ternauwernood naar een ander dorp vluchten. Opnieuw vroegen we zendelingen om hulp.
Zij hebben een winkeltje voor me opgezet, maar ik werd door dieven beroofd. Ik begon een moestuin en heb een poosje groenten verbouwd. Daarna leerde ik van een paar mensen naaien en opende ik opnieuw een winkel. Mijn vader zei: 'Maak je geen zorgen. Het leven is meer dan spullen.'
Hij had gelijk. Mijn dochter loopt een paar klassen achter op school, maar ze doet examens om het in te halen.
Ik ben God dankbaar dat Hij mijn leven heeft gespaard. Ik ben dankbaar voor mensen die ons helpen en als een nieuwe familie voor me zijn. We moeten bidden voor degenen die nog steeds rondtrekken en anderen vermoorden.

Ik las iets over Amerikanen wat volgens mij wel klopt: in onze cultuur staat zelfbehoud op de eerste plaats. We doen alles wat in onze macht ligt om ons leven te verlengen, te beschermen, te verbeteren en te bewaken, maar dat is niet iets wat we van onze christelijke voorouders hebben geërfd. De voornaamste eigenschap die ik bij vervolgde christenen aantref, is niet zelfbehoud, maar zelfopoffering.
Voor hen is het heel eenvoudig en ik denk dat het voor ons ook eenvoudig zou moeten zijn. Onze omstandigheden zouden niet moeten bepalen hoe we over Jezus denken.
Jezus gaf Zijn leven voor hen, dus zij zijn bereid hun leven voor Hem te geven. Het gaat ook niet alleen om het opofferen van hun leven. De meesten van deze broeders en zusters –

want dat zijn het; ze zijn familie – moesten eerst duizenden andere benodigdheden en zekerheden opofferen voordat ze met de laatste uitdaging werden geconfronteerd. Voor ons in het Westen – als we al iets opofferen – gaat het meestal om luxe en comfort, wat geen groot offer is.

Degenen onder ons die zijn gezegend met veiligheid en vrijheid, hebben de neiging hun geloof te rationaliseren wanneer het om omstandigheden als die van Rose gaat.

Dit boek gaat niet over gemakkelijke dingen en bevat geen gemakkelijke verhalen. Maar laten we er – omwille van Rose – samen over nadenken. Niet in de context van iemand anders' leven, maar in de context van ons eigen leven.

'Waarom zou je niet gewoon "Allahoe Akbar" zeggen als Jezus je toch wel vergeeft?' kunnen we ons afvragen. 'Dan blijven we tenminste leven en kunnen misschien zelfs van de liefde van Christus getuigen naar degenen die ons wilden bekeren.' Dat we zo'n 'uitvlucht' zelfs maar overwegen, zou wel eens een ernstige waarschuwing kunnen zijn over de staat van ons hart. Want volgens Jezus komen de dingen die uit onze mond komen, uit ons hart voort (zie Matteüs 15:18).

Voor zover ik weet, komen dit soort afwegingen niet eens op bij gelovigen die leven in de gebieden waarin de vervolging het hevigst is. Zij zeggen eerder: 'Ik kan Jezus onmogelijk verloochenen.' Zo toegewijd zijn ze nu eenmaal. Hun geloof is een onlosmakelijk onderdeel van hun identiteit. Ze zijn 'een nieuwe schepping' (2 Korintiërs 5:17).

Vanuit ons veilige christendom kijken we bevreemd naar hen, maar ik vraag me in deze tijd af of het wel christendom is waarin we ons zo veilig voelen. Hebben we een authentiek geloof of hebben we een 'schijn van vroomheid zonder de kracht ervan' (2 Timoteüs 3:5)? Die vraag is het waard om gesteld te worden, want Jezus zegt: 'Wie Mij verloochent bij de mensen, zal Ik ook verloochenen bij Mijn Vader in de hemel' (Matteüs 10:33).

Misschien zien we het eenvoudige, opofferingsgezinde geloof van hen die worden vervolgd als iets bijzonders, omdat we zo aan ons religieuze geschipper gewend zijn geraakt dat we niet eens beseffen hoe ver we van de puurheid en eenvoud van het leven voor Jezus zijn afgedwaald.

Zou het kunnen dat we Jezus simpelweg gebruiken als een middel om ons geweten te sussen, terwijl we voor onszelf leven? Ons geloof is onze zelfmedicatie, zodat we ons niet al te slecht voelen over ons totale egocentrisme, onze onbeschaamde obsessie met onszelf, onze spullen, onze toekomst en ons leven.

We kijken met verbazing naar de bereidheid van onze broeders en zusters om te sterven en zij kijken net zo naar ons. Ze begrijpen er niets van dat ons geloof ons bijna niets kost – misschien tien procent van ons inkomen en zo nu en dan een opmerking op het werk. Dienen we echt dezelfde Jezus als we het prima vinden dat ons geloof ons zo weinig kost?

Dit is de oplossing: lang voordat ons geloof ons het leven kost, moet het onszelf kosten.

Egoïsme, egocentrisme en zelfbehoud in al hun gepolijste vormen zullen ons alleen maar langs een gevaarlijk pad doen afglijden. Onze obsessie met onszelf staat haaks op de weg van Jezus. Zoals Dietrich Bonhoeffer zei: ‘Wanneer Jezus een man roept, vraagt Hij hem om te komen sterven.’

Zelfopoffering lijkt het leven waarnaar we verlangen van ons af te nemen, maar in werkelijkheid is het de sleutel naar het leven. Tenminste, dat is wat Jezus ons leert. Hij zei: ‘Wie zich aan zijn leven vastklampt, verliest het’ (Johannes 12:25). Vaak zeggen we wel dat we in Jezus geloven, maar doen we het eigenlijk niet, omdat we niet leven zoals Hij ons opgedragen heeft. Hij zei: ‘Wanneer iemand Mij liefheeft, zal hij zich houden aan wat Ik zeg’ (Johannes 14:23).

Rose was bereid alles voor Jezus te geven, omdat Hij alles voor haar had gegeven.

Hij heeft ook alles voor *ons* gegeven. De vraag is: zijn wij bereid hetzelfde voor Hem te doen?

3

IK VERKONDIG VRIJMOEDIG ZIJN EVANGELIE

Bid dat ik daarbij vrijuit spreek, zoals mijn plicht is.
Efeziërs 6:20

Er is één woord waarmee je sneller in de gevangenis belandt dan met welk ander woord dan ook: evangelisatie. Als je je geloof voor jezelf houdt, kun je op sommige plaatsen onder de radar blijven. Maar zodra je in het openbaar uitkomt voor je geloof, kom je in de problemen.

Het probleem met het volgen van Jezus is dat je het feitelijk niet op een passieve of onzichtbare manier kunt doen. Het ware christendom kan niet verborgen of ingeperkt blijven. Vroeg of laat komt het naar buiten. Het christelijk geloof is niet slechts een pakketje overtuigingen. Het is een levensstijl. We leiden een leven van liefde, en omdat God ons zo veranderd heeft, is het logisch dat we anderen over Hem vertellen. Als we dat liever niet doen, ervaren we niet echt de kracht van God in ons leven. Zoals Jakobus schrijft: 'Het geloof zonder daden is dood' (Jakobus 2:26).

Natuurlijk moet niemand worden gedwongen om van geloof te veranderen, maar iedereen moet wel de kans krijgen te kiezen wat hij of zij wil geloven. In veel landen bestaan wetten die evangelisatie en bekering naar het christendom verbieden. De wetten in de wereld zouden niet alleen het recht van mensen om hun geloof te beleven moeten beschermen, maar mensen ook het recht moeten geven zich te bekeren. In bepaalde landen kun je echter van overheidswege op vervolging rekenen wanneer je voor je geloof uitkomt of het deelt. En soms – zoals in het leven van Andrew – leidt dit tot momenten waarin Gods kracht op een wonderlijke manier zichtbaar wordt.

▸ HET MIDDEN-OOSTEN

Andrew

Het verhaal dat Andrew vertelt zou in meerdere islamitische landen van het Midden-Oosten zo kunnen gebeuren.

Nadat Andrew in het communistische Eritrea tot geloof in Christus was gekomen, werd hij in zijn thuisland om die reden gevangengezet. Daarna overkwam hem in een ander land hetzelfde. En in weer een ander land opnieuw. Ik vertel niet waar dit was, want Andrew – niet zijn echte naam – is nog steeds zeer actief (en loopt gevaar). De geringste aanwijzing over zijn locatie of werk kan hem zijn leven kosten. Dat vindt hij eigenlijk geen probleem. Wat hij wel een probleem zou vinden, is dat de explosieve groei van de kerk in de gebieden waar hij werkt tot stilstand zou komen. We verhullen zijn identiteit dus om de gemeenten te beschermen die door zijn bediening groeien.
Andrew is een soort hedendaagse Paulus. Andrew is vervolgd, gedeporteerd, verbannen, gevangengezet, vals beschuldigd... Hij heeft alles al zo'n beetje meegemaakt. Toch verdraagt hij het lijden, vergeeft hij en blijft hij getuigen. Hij is blijmoedig en energiek. Als het om Jezus gaat, is zijn instelling 'voor iedereen en overal', dus waar hij ook heen gaat, hij gelooft dat hij daar als een getuige voor Jezus naartoe is gestuurd.
Meer dan anderen beseft hij dat het leven op elk moment

afgelopen kan zijn. Daarom stapt hij vlug over zijn ervaringen met vervolging heen, alsof het kleine ongemakken zijn. Hij praat liever over de grote verlossingen waarvan hij getuige is geweest. Van de rechter die tot geloof kwam voordat hij hem zou veroordelen, tot de gevangenen die hij heeft ontmoet, of de eerste moslim die hij in zijn nieuwe huis tot Christus heeft geleid – een man die, zoals hij later ontdekte, een spion voor Osama bin Laden was geweest.

Ik ben opgegroeid als communist in Eritrea en was een overtuigd aanhanger van die filosofie. Maar toen in 1991 het communisme wereldwijd ten val kwam, kreeg ik mijn twijfels. Uiteindelijk kwam ik tot geloof in Jezus en kreeg ik een bediening. Van 1991 tot 1998 was het een gouden tijd om in Eritrea de Heer te dienen en gemeenten te stichten.
Toen in 1998 de oorlog met Ethiopië begon, kwam daar verandering in. De regering was bang haar grip te verliezen. De leiders dachten dat kerken westerse denkbeelden verspreidden en wilden de communistische ideologie blijven promoten. Jongeren werden met communistische propaganda bestookt. Kerken kregen een brief met de opdracht hun deuren te sluiten. Officieel was er godsdienstvrijheid, maar de overheid begon de kerk te vervolgen. De plaatselijke politie en rechtbanken kwamen allemaal met valse informatie om ons als christenen zwart te maken.
Op een dag kwamen er ambtenaren bij me aan de deur die zeiden dat ik het dorp moest verlaten. Ik zei: 'Het is mijn recht om te preken. Wat ik doe is legaal.' De autoriteiten verzamelden valse verklaringen uit de buurt om aan te tonen dat onze kerk het openbare leven verstoorde. Binnen enkele weken moest ik voor de rechter verschijnen. De kerk bad als nooit tevoren. We wisten dat we hier geen controle over hadden. Wat konden we doen? De politie, het gemeentebestuur, de rechtbank... Iedereen was tegen ons. We konden alleen bidden tot God.

Voorafgaand aan de hoorzitting had ik een gesprek onder vier ogen met de rechter. Ik zei: 'Wij hebben niets verkeerds gedaan.' De rechter zei: 'Dat weet ik. Vannacht heeft God Zich in een droom aan mij geopenbaard en gezegd: "Doe deze man niets aan".' Nadat de rechter over de wonderlijke verschijning had verteld, zei hij: 'Kunt u me een Bijbel geven?' Niet lang daarna gaf hij zijn leven aan Jezus. De kerk was dolblij! In die tijd kwamen er ook veel moslims tot geloof in Jezus, net als nu.

Tijdens de rechtszaak deden de valse getuigen hun verhaal. De rechter toonde de dwaasheid van elk van hun argumenten aan. 'Maar ze prijzen en roepen,' klaagden de beschuldigers. De rechter zei: 'Is dat erg?' Ze uitten de ene na de andere beschuldiging, maar de pasbekeerde rechter veegde ze allemaal van tafel. De zaak werd geseponeerd. Op dat moment hield de rechter zijn geloof natuurlijk geheim voor de gemeenschap.

Volgens de Eritrese wet kon de kerk een tegenaanklacht indienen, want we waren onterecht beschuldigd van het overtreden van de wet en het veroorzaken van onrust. Maar we zeiden dat we niemand wilden aanklagen. Dat was ons getuigenis richting de gemeenschap. Maar vanaf dat moment hield de overheid mij in de gaten.

Al gauw kreeg ik van de autoriteiten te horen: 'We zijn in oorlog en je moet nu voor je land vechten.' Dus ik bracht twee jaar door in een militair kamp, waar ik werd opgeleid, maar mijn geloof heb ik behouden. Ik dacht: nu heb ik een bediening in een legerkamp! Zo werd ik de eerste evangelist in de militaire kampen van Eritrea. Van 's morgens vroeg tot 's avonds laat dacht ik: hier moet ik de Heer dienen.

In het Eritrese leger was het verboden om een Bijbel of christelijke lectuur te hebben. Die werden verbrand. Maar de Heer was me gunstig gezind. Mijn militaire commandant was een wedergeboren christen! Andere christenen stonden versteld van wat we daar konden doen. We hielden doopdiensten in het

kamp en ontwikkelden een sterk netwerk van gemeenten.
Maar op een dag werd ik door de autoriteiten samen met veertig anderen in het kamp in de gevangenis gezet. Ik zei dat ik ook in de gevangenis de Heer moest dienen. Kort daarna lieten ze ons allemaal gaan en kregen we te horen dat we onze militaire opleiding moesten afmaken.
Maar toen onze opleiding eindelijk afgerond was, werden er opnieuw zes kerkleiders in de gevangenis gezet. De autoriteiten hadden Engelstalige en Arabische christelijke boeken gevonden die we onder mensen in het leger verspreidden. Ik hoorde een officier zeggen: 'Als we deze mensen niet doden, houden ze nooit op!'
Ze besloten ons voor het oog van iedereen te doden om de jongeren af te schrikken en angst voor de regering in te boezemen. We hebben twee jaar op de voltrekking van ons doodsvonnis gewacht. Al die tijd werd er christelijke lectuur bij ons naar binnen gesmokkeld. We zijn nooit omgebracht.
De omstandigheden waren zwaar en onmenselijk. Je kreeg maar één keer per dag te eten. Je mocht maar eens in de drie of vier dagen naar een toilet. De meeste cellen zijn ongeveer één meter twintig bij één meter twintig klein. Er zitten meerdere mensen in die kleine ruimten opgepakt. Vaak slapen gevangenen half over elkaar heen liggend. Soms wilde ik echt even mijn benen strekken, en anderen ook. Dan kreeg je voeten in je gezicht of in je buik. Ze persten er steeds meer gevangenen in. Soms stak ik mijn neus in een spleet in de muur om frisse lucht te kunnen inademen. Nu dank ik God voortdurend voor frisse lucht en schoon water.
'Keer je Christus de rug toe?' vroegen ze, terwijl ze je op je voeten sloegen. Ze brachten ons midden op de dag naar buiten en lieten ons urenlang in de brandende zon staan. Ze legden ons op onze buik in het zand en bonden onze handen en voeten bij elkaar volgens de 'helikoptermethode'. Terwijl we zo uren in de hete zon lagen, sloegen ze ons ook vaak op onze voeten, soms tot bloedens

toe. Soms overleden er zelfs mensen.
Maar de Heer voorzag me van een uitweg. Naarmate de oorlog zich voortsleepte, kroop de gevechtslinie steeds dichter in de richting van dit kamp omdat het bij de grens lag. Al gauw werd er vlak bij onze gevangenis gebombardeerd. De militaire functionarissen en bewakers vluchtten alle kanten op. Ze lieten ons achter, waardoor mijn vrienden en ik konden ontsnappen. God heeft deze oorlog gebruikt om mijn leven te redden.
Een paar jaar later bedacht ik: ik wéét dat ik zal sterven, dus ik kan net zo goed de Heer dienen! Door al mijn ervaringen begreep ik dat mijn leven in een oogwenk voorbij kon zijn. Daarom verhuisde ik naar een ander land om een bediening onder Arabieren te beginnen.
Met drie vrienden begon ik met succes een nieuwe bediening. We besloten het Evangelie onder moslims te verkondigen. We getuigden onder onze buren en op straten door de hele stad. Het was gevaarlijk, maar soms deelden we christelijke lectuur uit bij het busstation. Dat deden we een minuut of vijf, waarna we ons snel uit de voeten maakten.
Op een dag besloten we om naar een ziekenhuis te gaan om voor patiënten te bidden. We hadden niet door dat het een ziekenhuis voor vrouwen was. Mannen mogen daar niet komen, maar op de een of andere manier konden we zo naar binnen lopen. Toen we binnen waren, hebben we voor de zwangere vrouwen gebeden. We baden voor hen en vertelden hun ook over Jezus. Toen gingen we weg. Maar we werden al gauw door de beveiligers van het ziekenhuis ingehaald. Ze vertelden ons dat we nooit naar binnen hadden gemogen. Het leverde ons een gevangenisstraf op. Ze beschuldigden ons van diefstal. Ik had ongeveer tweehonderd dollar in mijn zak. Dat geld had ik van mijn broer gekregen, maar de politie pakte het van me af.
De gevangenis was als een nieuw zendingsveld voor me. We ontmoetten er een gelovige die zei dat we sterk moesten zijn en

dat bemoedigde ons. Opnieuw besloten we om Jezus te verkondigen. Ik dacht: waarom zouden we God niet verheerlijken? We vertelden de gevangenen over Jezus. Het gevangenispersoneel werd boos en soms sloegen ze ons in het gezicht. We raakten bekend als 'de mensen die in Jezus' Naam bidden'. Vergeleken met de gevangenis in Eritrea was deze gevangenis lang zo slecht niet. We moesten naar een rechtbank die de shariawetten hanteert. Maar we hadden een advocaat die beweerde dat je in ons land in een ziekenhuis mocht bidden. Volgens de rechtbank was dat niet zo, maar men oordeelde dat we niet naar de gevangenis hoefden. In plaats daarvan kregen we een boete opgelegd.

Ik besloot Arabisch te leren om onder moslims in de Arabische wereld te kunnen werken. Ik moest mijn twee vrienden achterlaten om die nieuwe droom te volgen. Ik ging naar een ander land, waar ik twee jaar studeerde. Daar vond ik een moslim die bereid was een poos naar mijn getuigenis te luisteren.

De man vertelde me dat hij 's nachts niet kon slapen. Ik gaf hem een aantal Bijbelteksten en kort daarna kon hij wel slapen. Toen gaf ik hem een Bijbel. De man vertelde me wat hij een tijd daarvoor had meegemaakt. Een keer was hij wakker geworden en was het licht aan, hoewel hij het had uitgedaan. Hij deed het uit en viel weer in slaap. Maar toen hij weer wakker werd, was het licht opnieuw aan. Dit gebeurde nog een derde keer. Ik citeerde een uitspraak van Jezus voor hem: 'Ik ben het licht van de wereld.' Ik zei tegen hem: 'God openbaart Zich aan jou.'

Deze man raakte zo gemotiveerd dat hij het hele Nieuwe Testament in één etmaal uitlas. Niet lang daarna mocht ik hem dopen.

Op een dag liet hij me een afbeelding van een beroemde, radicale moslim zien. Ik herkende de persoon, want ik wist dat ik dat gezicht eerder had gezien. Hij zei dat hij als spion voor die man gewerkt had. Na de aanslagen van 11 september in Amerika zag ik dat de moslim voor wie hij had gewerkt inderdaad beroemd

was. De allereerste moslim die ik in dat nieuwe land tot Christus had mogen leiden, was iemand die voor Osama bin Laden had gewerkt.
Er waren nog veel meer mensen die net als deze man dromen en visioenen kregen. Dat kwam vaak voor. Voor mij was het gemakkelijk om een moslim tot Jezus te leiden. Ik zei helemaal niets over bekering. Ik vertelde hun alleen over Jezus. Ik liet alleen de liefde van Jezus zien. Ik zei niet dat ze van godsdienst moesten veranderen.
Toen kwamen er veel vervolgde christenen het land in. De media hadden geschreven over de verspreiding van het christendom in het land en nu lagen christenen om die reden onder vuur. Kort daarna beseften de autoriteiten dat ik een bediening had en kerkleiders toerustte. Opnieuw werd ik, samen met een vriend, gevangengezet. Toen we in de gevangenis zaten, hadden we een nieuw zendingsveld. We werden door veel moslims op de proef gesteld, maar bleven de liefde van Jezus verspreiden. Velen van hen vertelden ons over hun dromen en visioenen van Jezus.
Sindsdien ben ik in veel landen geweest, altijd om in de Arabische wereld te werken en de liefde van Jezus te verspreiden.

Weet je wat mij vooral opvalt aan Andrews verhaal? De manier waarop hij moedig en onvermoeibaar het Evangelie verkondigde, zelfs wanneer hij daardoor in de gevangenis belandde. Daar hield het voor hem niet op. De gevangenis werd zijn nieuwe zendingsveld! Het was voor Andrew geen straf, maar juist een gelegenheid om vrijmoedig het Evangelie te verkondigen. In Andrews beleving was het niet de vijandige overheid die hem daar had gebracht, maar was het God Zelf die hem daar wilde hebben!
Andrew voelt zich gedreven om overal waar hij komt het Evangelie te brengen. Je hoort bijna de urgente woorden van Paulus op zijn lippen: ‘En hoe kunnen ze in Hem geloven van

Wie zij niet gehoord?’ (Romeinen 10:14).
Hij gaat er niet vanuit dat het Evangelie wel door iemand anders wordt verkondigd. Omdat hij Jezus volgt, ziet hij het als zijn verantwoordelijkheid om het verhaal van Jezus met anderen te delen.
Dat komt omdat het Evangelie iets voor hem betekent. Dit zet me aan het denken over ons. Wat betekent het Evangelie voor ons? Wat betekent het goede nieuws van Jezus’ leven, dood, opstanding en hemelvaart daadwerkelijk voor ons als we niet bereid zijn de liefde en boodschap van Jezus met anderen te delen?
Soms zeggen we dat we bang zijn of onszelf ongeschikt voelen. We willen het leven van anderen niet verstoren of het risico lopen hen te beledigen. We verzinnen uitvluchten, maar zien ook dat onze vervolgde broeders en zusters niet aan die manier van denken willen toegeven, hoewel het hen vaak veel meer kost om zich uit te spreken.
Voor hen is het eenvoudig: ‘Jezus hield van ons, Hij stierf voor ons en Hij heeft ons gered. Vervolgens droeg Hij ons op onze naasten lief te hebben.’ Hoe zouden ze werkelijk van hun naasten kunnen houden als ze het belangrijkste nieuws ter wereld voor hen achterhielden? Ze geloven echt dat Jezus de hoop is waarnaar hun naasten verlangen!
Getuigen van Jezus kost hun bijna altijd iets en in bepaalde delen van de wereld kan het hen zelfs het leven kosten. Toch aanvaarden ze dat risico en de pijn die daar mogelijk bij hoort, en ze verklaren: ‘Al gaat mijn weg door een donker dal, ik vrees geen gevaar, want U bent bij mij, Uw stok en Uw staf, zij geven mij moed’ (Psalm 23:4).
Als je de statistieken mag geloven, spreken velen van ons in de vrije kerk – waar de meesten van ons niet voor hun leven hoeven te vrezen – nooit met iemand over Jezus. We houden Jezus’ vergeving tevreden voor onszelf. We zijn dankbaar voor

onze hoop en onze verlossing, maar bedenken vervolgens talloze redenen om het goede nieuws niet met anderen te hoeven delen.
Andrews verhaal zou ons allemaal moeten inspireren om vrijmoedig het Evangelie te verkondigen, want het laat zien dat preken niet alleen voor predikers is. Het is voor iedereen die Jezus volgt. Het draait om het delen van het goede nieuws van Jezus, ongeacht de plek waar God ons heeft geplaatst.
Best confronterend, of niet?
Ik ken mezelf. Ik weet niet of ik in de gevangenis – waar ik vooral op mezelf en mijn eigen problemen gericht zou zijn – aan Jezus zou denken. En ik zou beslist niet onmiddellijk na mijn vrijlating enthousiast gaan evangeliseren. Ik zou waarschijnlijk eerst een periode vrij nemen en mijn geloof weer wat op peil brengen. Ik zou op vakantie gaan om bij te komen.
Maar Andrew niet. Hij ziet elke tegenslag en elke succeservaring als een nieuwe gelegenheid om het goede nieuws van Jezus te verspreiden.
Soms denken we dat evangeliseren de taak is van professionals, voorgangers en priesters. Maar Andrews verhaal ontkracht die mythe. De grootste evangelisten onder de vervolgde christenen in de wereld zijn geen 'beroepsevangelisten'. Het zijn gevangenen, ouders, zonen, dochters en marktkooplui. Wij denken misschien dat Gods beproefde dienaren eruitzien en handelen als een geharde groep commando's. Maar vaak zijn het heel gewone en bescheiden mensen. De helden over wie je in deze hoofdstukken leest, hebben geen uiterlijke kenmerken waaraan ze te herkennen zijn – behalve misschien de littekens en sporen van hun marteling. Er hangt geen aureool boven hun hoofd, je hoort geen engelenkoor wanneer ze spreken. Ze zijn niet een hoger soort mensen dan wij, met uitzonderlijke mogelijkheden. Sterker nog, in de meeste gevallen hebben ze zelfs veel minder mogelijkheden dan wij ons leven lang ter

beschikking hebben. Soms zijn het heel onvolmaakte mensen met hun eigen gebreken en zonden.
Terwijl ze van hun geloof getuigen, hebben ze geen briefje waarop staat hoe ze zich moeten voelen of hoe dingen zullen aflopen. De verhalen die ik voor jullie heb uitgekozen, laten zien dat we geen enkel excuus hebben. Je vindt geen superheiligen in dit boek – alleen normale, gewone mensen die van Jezus houden.
Jezus had het ook anders kunnen doen, maar Hij koos ervoor om mensen als zij te gebruiken. En mensen als wij.
De vraag is simpelweg of we van Jezus houden zoals zij dat doen. Als we dat doen, verkondigen ook wij – met de kracht en hulp van de Heilige Geest – het Evangelie zoals zij.
Alleen onze God kiest weduwen uit om het tegen dictators op te nemen, wezen om van generaals te winnen en gevangenen om tirannen ten val te brengen. Dat is precies wat Hij doet. Zoals een groot leraar lang geleden eens opmerkte: 'Hij stuurde geen koningen en filosofen om vissers te overtuigen, maar vissers om filosofen en koningen te bekeren. Ze hadden geen autoriteiten die hen steunden, geen vrienden die hun kant kozen, geen toehoorders die hen bijvielen, geen rijkdom om in hun onderhoud te voorzien.'
Een beweging die met twaalf gewone mannen in een bovenzaal in Jeruzalem was begonnen, is uitgegroeid tot de grootste en snelst groeiende godsdienst ter wereld. Andrews verhaal – en dat van talloze anderen – dwingt ons om een ongemakkelijke vraag onder ogen te zien: hoe kunnen we onszelf de vrede van Jezus toe-eigenen en tegelijkertijd zo gemakkelijk – door ons zwijgen en onze onverschilligheid – anderen die vrede onthouden? Hoe kunnen we met een reddingsboei in handen aan de kant staan, terwijl anderen voor onze ogen verdrinken?
Het afleggen van de martelaarseed betekent onder andere dat we bereid zijn om in elke situatie waarin God ons brengt – ook

als die ongemakkelijk of gevaarlijk is – vrijmoedig van Jezus te getuigen. Maar als we echt geloven dat Jezus Zijn leven voor ons gegeven heeft, zullen we ons net als Andrew gedreven voelen om Hem overal waar we gaan of staan te verkondigen. Wanneer we dat niet doen, zal ons geweten ons aanklagen. Ik ben bang dat we maar al te vaak niet eens meer weten hoe dat stemmetje klinkt.

Hoe zullen ze het weten als wij het ze niet vertellen?

4

OF IK NU VEEL OF WEINIG HEB, VEILIG OF BELAAGD BEN, IN VREDE OF IN ANGST LEEF: IK ZAL NIET ZWIJGEN

Ik weet wat het is om gebrek te lijden, maar ook wat het is om in rijkdom te leven. Ik heb alles aan den lijve ondervonden: overvloed en honger, rijkdom en gebrek. Ik ben tegen alles bestand door Hem Die mij kracht geeft.

Filippenzen 4:12-13

Ik moet toegeven dat deze zin uit de martelaarseed voor ons in rijke landen lastig te begrijpen kan zijn. Dat komt omdat onze ervaring zo geheel anders is. Dingen als 'gebrek,' 'gevaar' en 'ellende' kunnen we gemakkelijk vermijden. Onze overheid voorziet ons van allerlei vangnetten en als we de juiste baan, de juiste woonwijk of het juiste vooruitzicht hebben gevonden, worden deze woorden zo goed als uit onze woordenschat verbannen. Het ironische is dat velen van ons, zelfs in ons relatief rustige bestaan, ervoor hebben gekozen om over ons geloof te zwijgen. Je zou denken dat we met zo weinig uitdagingen en tegenstand juist vrijmoediger zouden zijn. Maar uit een recent onderzoek blijkt dat weliswaar tachtig procent van de kerkgaande christenen het noodzakelijk vindt om met anderen over Jezus te praten, maar dat slechts veertig procent dat in het afgelopen halfjaar heeft gedaan.

Vergelijk dat eens met de apostel Paulus, die zijn brief aan de Filippenzen vanuit de gevangenis heeft geschreven. Paulus zat gevangen omdat hij het Evangelie had gepredikt, maar zocht naar meer gelegenheden om te getuigen – zelfs als hij dit met de dood moest bekopen! Paulus' beroemde uitspraak: 'Ik ben tegen alles bestand door Hem Die mij kracht geeft' staat in de context van voldoening in vervolging. De kracht die Paulus door Christus ervaart, is de kracht om elke omstandigheid te verdragen. Voldoening in Christus maakt leven 'van bijna niets' tot leven 'met alles'. Dit wordt extra duidelijk door de toon en het thema van Paulus' gevangenisbrief aan Filippi. Hij schrijft niet vanuit kommer en kwel. Het thema van de brief is *blijdschap*! Zijn missie ging gepaard met een bovennatuurlijke kracht, waardoor hij de zon zag schijnen achter de wolken. Dit gegeven brengt ons bij het verhaal van Peter.

‣ CHINA

Peter

Peter is lang, knap, welbespraakt en intelligent: de ideale schoonzoon, die elke vader voor zijn dochter in gedachten heeft. Het is dus verrassend om te horen dat hij ouder is dan ik. Misschien ziet Peter er zo jong uit omdat hij één en al enthousiasme en blijdschap uitstraalt. Peter is een levendige en vriendelijke prater en lijkt door een innerlijk vuur te worden verlicht. Toen Peter tien jaar oud was, maakte hij mee hoe zijn grootmoeder, die aan occulte genezing deed, een levensveranderende ontmoeting met Jezus had. Hij besloot om Jezus te volgen en tegen iedereen die hij tegenkwam te getuigen.
De eerste, echte vervolging waarmee Peter te maken kreeg, was op zijn universiteit. Daar dreigden ze hem uit het studentenbestuur te zetten als hij zijn geloof niet opgaf. Maar het was zijn latere gevangenschap die hem getekend heeft. Hij vertelt elk

onderdeel van zijn verhaal ernstig en vlug. Hij begint te lachen en veegt zijn ogen af. Dan vertelt hij het volgende stuk, lacht weer en veegt zijn ogen af. Maar hoe vaker hij dit doet, hoe meer je in de gaten krijgt dat het niet allemaal lachtranen zijn. Er zijn ook tranen bij die weerspiegelingen zijn van pijnlijke herinneringen of diepe dankbaarheid voor wat God heeft gedaan, voor hem en voor de vervolgde kerk die hij dient.

Ik was als kind gedoopt toen de teams van Watchman Nee onze regio bezochten. Op dat moment was mijn grootmoeder een vooraanstaande tovenares binnen de tovenaarsgemeenschap. Ze kon wonderbaarlijke tekenen verrichten. Ze 'genas' mensen om vervolgens het leed over te nemen van degenen die ze genas. Ze werd zelf ziek en onze familie leed dan ook onder de ziekte of onder de sterfte van onze dieren. Oma raakte gefrustreerd en werd bang. Ze had een speciale kamer in haar huis waar ze afgoden aanbad. Daar hing een heel duistere sfeer. Al mijn familieleden waren bang om daar in de buurt te komen.
In die tijd kwamen er allerlei evangelisten naar onze stad. Op een dag kwamen er twee evangelisten bij ons thuis. Ze baden voor mijn oma en vertelden haar dat wanneer je in Jezus gelooft, Hij vrede en zegen in je leven brengt. Daarom aanvaardde zij Jezus als haar Verlosser. Toen verbrandden de evangelisten al oma's afgoden. Ik zal nooit vergeten dat toen ik die dag uit school kwam, ik meteen ervoer hoe vrij het thuis was.
Maar in oma huisden nog steeds boze geesten. Dus de evangelisten bleven bij ons thuis komen om haar de handen op te leggen en boze geesten uit te drijven. Mijn grootmoeder was bezeten! Wanneer ze voor haar baden, schreeuwde ze. Ik wist dat de boze geesten van zich lieten horen. Maar op een dag ging het plotseling goed met haar! De boze geesten waren verdwenen!
Ik heb drie zussen. We waren nog klein toen we dit meemaakten. Door het zien van zo'n drastische verandering ging ik op Jezus

vertrouwen. Ik wist dat er een God was en dat God de macht had om het kwaad te verslaan!
Na dit alles werd ons huis gevuld met vrede en ik werd vervuld met blijdschap. Ik leidde mijn moeder tot de Heer. Al gauw was mijn hele familie gered. Ik las de Bijbel heimelijk, ook op school, gedurende mijn hele schoolperiode. Ik bad veel. Wat ik ook meemaakte, ik bad. Er kwam vervolging. Maar er waren ook tekenen en wonderen in ons leven.
Op de universiteit merkte ik dat de Heer me op een aantal harde lessen voorbereidde. Voor die tijd was ik gewoon een nieuwe christen, maar nu begon de Heer van me te vragen om een aantal dingen op te geven. In mijn eerste jaar op de universiteit werd ik klassenvoorzitter. Maar tijdens een weekend kon mijn professor me een keer niet vinden. Hij was lid van de Communistische Partij. Alleen mijn beste vriend wist waar ik was en de professor zocht hem op. Mijn vriend vertelde hem dat ik naar de kerk was. Mijn professor werd woest. Toen ik uit de kerk kwam, zei hij: 'Je bent een jongeman die onder de rode vlag van de Communistische Partij is opgevoed, dus je moet je niet met westerse ideeën en godsdienst inlaten.'
Toen kwamen er ook schoolleiders en leiders van de Communistische Partij naar me toe. Ze probeerden me allemaal te overtuigen dat ik mijn christelijke denkbeelden moest loslaten. Maar ik bad de hele tijd en de Heer gaf me kracht.
Ten slotte begon mijn professor me te bedreigen. Hij zei dat ik mijn functie als klassenvoorzitter zou verliezen als ik mijn christelijke overtuigingen niet opgaf. Ik zei tegen mijn professor dat ik liever christen was dan hoofd van de klas. Dat kon hij niet geloven. Waarom zou iemand voor Jezus een dergelijk offer brengen? Maar ik voelde me vrij en opgelucht. Als klassenvoorzitter kon ik anderen niet vertellen dat ik christen was, want dan zouden ze me die functie afnemen, maar nu kon ik mijn vrienden op de campus vrijuit over Jezus vertellen.

Na mijn studietijd was ik diep in mijn hart niet helemaal tevreden, omdat ik zag dat mensen om verschillende redenen naar de kerk kwamen. Sommigen wilden een zegen voor hun bedrijf. Anderen wilden een relatie. Ik was teleurgesteld over die mentaliteit. Ik wilde een authentieker geestelijk leven en groeien in mijn geloof. Dus ik riep uit: 'Als U een God bent die alleen bestaat om de behoeften van mensen te vervullen, dan wil ik niet meer in U geloven. Als U wilt dat ik U blijf volgen, maak me dan duidelijk welke kant ik op moet in mijn leven.'
In dat jaar was er ten zuiden van mijn woonplaats een christelijke leiderschapsconferentie. Ik ging erheen, want ik wilde graag gemeenteleider worden. Maar tijdens die conferentie werden velen van ons gearresteerd. Dertig of veertig oudsten en mensen in leiderschapsposities moesten naar de gevangenis.
De autoriteiten dachten dat ik een belangrijke leider was, omdat ik goed was opgeleid. Ze zonderden me af in een aparte ruimte. Ze observeerden me van minuut tot minuut. De politie had het hoofd van de gevangenis, de grote baas, gevraagd om me nauwlettend in de gaten te houden. De bewakers begonnen me te mishandelen. Ik was jong en bang. Maar toen kwam de dag dat ze me vroegen over het christelijk geloof te vertellen. Het was nota bene de grote baas die zei dat alle gevangenen ook moesten luisteren!
'Luister goed, allemaal,' zei de grote baas. 'Als hij in herhaling valt, mag je hem slaan.' De gevangenis had de regel dat we 's morgens en 's avonds moesten studeren. Maar nu moesten ze studeren door te luisteren naar wat ik over het christelijk geloof vertelde!
Ik sprak twee keer per dag en begon – zonder Bijbel – bij Genesis. Ik behandelde bijna alles, vooral waarom we Jezus nodig hebben. Na elke sessie ging de grote baas met me in gesprek. Ik moest doen alsof hij de discussie won, maar ik wist dat mensen na elke lezing wat meer openstonden voor de boodschap.
In de gevangenis bestond een hiërarchie. In het begin moest ik

toiletten schoonmaken, maar na elke spreekbeurt kreeg ik meer privileges. Al gauw verhuisde ik naar een houten bed. Toen mocht ik in de buurt van de grote baas slapen, niet meer bij de toiletten. Ten slotte kreeg ik soms vlees te eten en niet slechts een beetje rijst. Ik wist dus dat de grote baas geleidelijk van gedachten veranderde.

De grote baas was een kung fu-meester. Hij kon iedereen slaan en had losse handen. De geringste ongehoorzaamheid werd door hem afgestraft. Bovendien had hij rechten gestudeerd. Toen ik daar een maand was, zei hij: 'Jij moet minstens drie jaar gevangenisstraf krijgen!'

Dat was het moment waarop ik tot God riep: 'Heer, ik houd het hier geen drie jaar vol!' Toen bad ik: 'Heer, als ik deze man tot bekering breng, mag ik dan weg?' De aanwezigheid van de Heer was zo tastbaar, zo sterk! Het enige wat ik kon doen, was doorgaan met bidden. Toen voelde ik me ontspannen en door God vrijgemaakt.

Op een nacht kon de grote baas de slaap niet vatten. Hij wilde met me praten. Hij zei dat hij door één van mijn woorden van God was aangesproken en begon open te vertellen. Hij vertelde dat hij uit een beroemd gezin kwam en in een andere stad het hoofd van de maffia was. Hij hoorde bij het 'Zwarte Syndicaat' en had drieduizend man onder zich. 'Zelfs de burgemeester knielde voor mij en deed wat ik wilde. Iedereen was bang voor me,' zei hij. Ook was hij een hoge officier. Maar toen hij gevangen werd gezet, werd hij door iedereen genegeerd, zelfs door zijn vrouw en kinderen.

Hij begon me zijn geheimen te vertellen. Op een avond zei hij dat hij dacht dat ik misschien naar een andere gevangenis werd overgeplaatst of misschien zelfs werd vrijgelaten. Plotseling zei hij: 'Dus we hebben geen tijd te verliezen. Wat kan ik doen om gered te worden?' Ik heb hem diezelfde avond tot Christus geleid. Nadat de grote baas tot geloof was gekomen, veranderde hij! Voor

die tijd had hij elke dag het gevoel dat hij iemand moest slaan. Maar daarna zei hij, als iemand hem uitdaagde: 'Het is dat ik Christus ken, anders had ik je geslagen!'
Alle mensen in die cel werden gered! Vijftien mensen in totaal!
De grote baas vroeg mij: 'Wat moet ik nog meer doen, behalve mijn zonden belijden?'
Ik zei: 'U moet gedoopt worden.' We wisten niet hoe we dat moesten doen in de gevangenis. Maar toen bedachten we dat er in de doucheruimte een kleine badkuip stond die we konden gebruiken. Op een dag gingen we naar buiten om te luchten en toen zei de grote baas: 'Goed, laten we het nu doen.'
We vulden de kuip in de doucheruimte en toen hij uit het water kwam, was hij dolblij. Hij was extatisch. Hij vertelde iedereen daar dat hij gered was!
Meteen de volgende dag kreeg ik bericht dat ik werd vrijgelaten. Vlak voor ik vertrok, stelde de grote baas me nog een aantal vragen, zoals: hoe moet ik bidden? Ik had maar weinig tijd, dus ik schreef een paar Bijbelverzen voor hem op. Vanaf dat moment heb ik mij altijd ingezet voor het Evangelie, en God heeft mij beschermd.

Peter zette zijn geloof niet in de wacht toen hij vanwege zijn geloof in de gevangenis terechtkwam. Peter wilde niet zwijgen. Sterker nog, hoe meer hem het vuur na aan de schenen werd gelegd, hoe meer hij zijn mond opendeed. Het is een feit dat wanneer het christelijk geloof onder druk staat, de kerk vaak eerder groeit dan kleiner wordt. Hetzelfde geldt voor ons persoonlijk leven. Wanneer we onder druk staan, groeien wij ook.
Dit lijkt misschien onlogisch. Je zou denken dat wanneer we in vrede leven, we God eerder dankbaar zijn en Hem tot het middelpunt van ons leven maken. Maar luister eens naar wat Mozes tegen de Israëlieten zei toen ze op het punt stonden het Beloofde Land binnen te gaan:

Straks brengt de HEER, uw God, u naar een goed land, een land van beken, bronnen en waterstromen, die ontspringen in de valleien en op de bergen (...). Zorg ervoor dat u Hem niet vergeet, waardoor u Zijn geboden, wetten en regels, die ik u vandaag voorhoud, zou veronachtzamen.
Deuteronomium 8:7,11

Mozes waarschuwde de Israëlieten dat het voor hen *gevaarlijker* was om het Beloofde Land binnen te gaan dan in de woestijn te blijven. Wat een waarschuwing voor ons vandaag, vooral voor ons die in Europa en in de Verenigde Staten leven!
We lopen in geestelijke zin meer gevaar wanneer we in overvloed, veiligheid en vrede leven, dan wanneer we gebrek lijden of in gevaar en angst leven. De meesten van ons beseffen dit nauwelijks en dat is waarom ons geloof zo zwak is.
De ergste zonden die ons christelijke leven ondermijnen zijn precies de zonden die Johannes opsomt: 'begeerte, inhaligheid, pronkzucht' (1 Johannes 2:16). In het veilige Westen zijn die volop aanwezig. Door onze welvaart zijn we in staat te zondigen zonder daarvan de ernstige consequenties te ervaren die mensen in andere delen van de wereld moeten ondergaan. Omdat de consequenties van onze zonden wel lijken mee te vallen, vertellen we onszelf dat we Jezus niet nodig hebben. We geven het misschien niet openlijk toe, maar we leven wel zo. We hadden net zo goed kunnen leven alsof Hij helemaal niet bestaat!
Wanneer we een dak boven ons hoofd hebben, geld op de bank, een auto om ons te verplaatsen of een goede opleiding, hebben we niet het gevoel dat we Jezus nodig hebben. We kloppen alleen bij Hem aan wanneer we iets van Hem willen. We behandelen Hem als een suikeroom.
De vervolgde kerk kent die luxe niet. Zij hebben Jezus elke dag nodig en ervaren Hem op een heel andere manier.

Hoe vreemd het ook klinkt, ik heb gezien dat het soms gemakkelijker is om vrijmoedig voor Jezus te leven wanneer Hij je enige hoop is en Hij alles is wat je hebt. Dat is volgens mij de reden dat het Evangelie in de grootste duisternis zoveel licht verspreidt. Het put uit een kracht die de uitdagingen van onze wereld overstijgt. Wat me zo bemoedigt in het verhaal van Peter en de verhalen van veel andere gelovigen in de wereld, is dat velen van hen vrijwel niets hebben en toch verder niets nodig hebben. Wij zijn vaak geobsedeerd door meer, meer, meer – meer van wat dan ook, meer van alles!

Dat is waarom iemand die vanwege Jezus gevangen zit, vaak vrijer is dan degenen onder ons die in weelde leven. Zij worden in de gevangenis gegooid; wij bouwen onze eigen gevangenis, met muren van spullen en een hart dat door hebzucht geblokkeerd is geraakt. Uiteindelijk kunnen we ons geloof amper nog voelen, terwijl voor onze vervolgde broeders en zusters het geloof het enige is wat ze nog voelen.

Of Peter nu klassenvertegenwoordiger was op de universiteit of opgesloten zat in de gevangenis, Jezus alleen was genoeg voor hem. Op deze manier geloven stelt ook ons voor een uitdaging. Het dwingt ons na te denken over wat we doen om te leven voor de Jezus voor wie gelovigen als Peter bereid zijn te sterven.

Dus hoe vereenzelvigen we ons met onze lijdende broeders en zusters in de wereld? Hoe vinden we het geloof dat zij hebben, als we niet worden geconfronteerd met de uitdagingen waar zij voor staan?

Het antwoord is gemakkelijker gezegd dan gedaan: we moeten ons in hen inleven.

Inleving is de ervaring van het voelen wat anderen voelen. Het betekent dat we ons in hun situatie verplaatsen, in hun schoenen gaan staan, in hun gedachten kruipen en ons voorstellen hoe het zou zijn om hen te zijn.

Voor westerse christenen is dit één van de moeilijkste dingen die er zijn. Hun ervaring is niet de onze, dus we moeten moeite doen om die te begrijpen en ons erin te verplaatsen.
We moeten onze verbeelding gebruiken om onszelf te verplaatsen naar de donkere en moeilijke plekken van deze wereld, waar zaken als oorlog en armoede zo gewoon zijn. We moeten goed begrijpen dat het kwaad op onze planeet allemaal voortkomt uit dezelfde zonde, die ons verleidt om trots of materialistisch te zijn of een of meerdere van Gods geboden te overtreden.
Van nature hebben we de neiging om ongemak en lijden te vermijden, dus als we niet betrokken zijn bij de levens van onze christelijke broeders en zusters in de wereld, is het heel gemakkelijk om gewoon verder te zappen of alleen het nieuws op te pikken dat ons interesseert.
Dat is echter niet waartoe wij geroepen zijn. De schrijver van de Hebreeënbrief zegt dat we aan de gevangenen moeten denken alsof we zelf ook gevangen zitten (zie Hebreeën 13:3).
Die empathie zal ons vervolgens tot daden aanzetten. Niet alleen in ons hart, maar met onze handen en voeten. Paulus schrijft in zijn brief aan de Galaten: 'Laten we dus, in de tijd die ons nog rest, voor iedereen het goede doen, vooral voor onze geloofsgenoten' (6:10). Christenen zouden de eersten moeten zijn die – in wat voor crisis dan ook – hulpverlenen, maar vooral in een crisis die onze medechristenen treft. Om onze broeders en zusters te kennen en helpen, moeten we ons verzetten tegen de neiging om onszelf af te schermen tegen wat er in de wereld gebeurt. Want als we hen eenmaal kennen, kunnen we niet langer zwijgen.

In plaats van weg te lopen voor de moeilijke situaties in de wereld – en moeilijk is nog zwak uitgedrukt – moeten we deze uitdagingen juist opzoeken. Maar we zullen onze lijdende geloofsfamilie alleen echt te hulp schieten als we onszelf afkeren van alle vormen van materialisme, die ons zelfgenoegzaam maken. Dan zullen we onze ogen en oren niet langer kunnen sluiten.

Als er ergens in de wereld een crisis is, moeten wij ons als christenen daar niet voor afsluiten. Als we 's avonds naar het achtuurjournaal kijken, het nieuws op de radio horen of op het internet lezen, en zien dat er in Congo, Soedan of Syrië conflicten zijn, dan moeten we niet wegzappen. We moeten onze sociale media niet filteren en die ongemakkelijke berichten overslaan. We hebben de morele verplichting als Gods handen en voeten om te weten wat er gebeurt, zodat we kunnen onderzoeken hoe we kunnen helpen. We zouden ons moeten afvragen: welk licht kan ik – als een lichtje in de wereld – in deze situatie laten schijnen?

Overvloed kan een geschenk zijn.

In de Bijbel staan veel voorbeelden van mensen die God in een positie van rijkdom of invloed plaatste, zodat ze Zijn plan konden verwezenlijken en dat doet Hij beslist nog steeds. Overvloed kan echter ook een afleiding en een excuus zijn. We kunnen pas dienen en liefhebben zoals dat van ons wordt verwacht wanneer het ons niet uitmaakt of we veel of weinig hebben, veilig of belaagd zijn, in vrede of in angst leven.

5

ZIJN ONFEILBARE LIEFDE IS BETER DAN HET LEVEN

De HEER is mijn licht, mijn behoud, wie zou ik vrezen?
Bij de HEER is mijn leven veilig, voor wie zou ik bang zijn?
Psalm 27:1

We hebben gehoord hoe jihadisten christenen kruisigen, onthoofden, in kooien opsluiten en laten verdrinken. Hoe ze oudere christenvrouwen levend verbranden en christenen massaal executeren. Die dingen doen deze terroristen niet stiekem, maar ze leggen het vast, maken er gelikte video's van en gebruiken die als rekruteringsmiddelen. Sociale media en het internet zijn hun Romeinse Colosseum geworden, waar ze hun gruweldaden aan de hele wereld presenteren. Op de dag dat ik dit schrijf, gebeurde dat twee keer.

Hoewel het door IS gecontroleerde gebied in het Midden-Oosten sinds 2014 drastisch is gekrompen, worden er in de hele wereld nog steeds aanslagen gepleegd en breidt hun ideologie zich nog altijd uit naar andere landen. We horen geregeld van aanslagen in westerse landen die worden opgeëist door IS. Hierdoor maken velen zich zorgen, durven zij hun huis niet uit en zijn ze bang om dingen te ondernemen.

Het hoofd van de FBI in Amerika verklaarde voor een congrescomité dat ze in alle vijftig staten van het land IS-sympathisanten hadden gearresteerd.

De terroristen lijken misschien machtig, zelfverzekerd en aan de winnende hand, maar in werkelijkheid is *niets* daarvan waar. Het volgende klopt wel:

- Het gebied dat ze beheersen wordt steeds kleiner.
- Het aantal mensen dat ze beheersen wordt steeds kleiner.
- Het aantal moslims dat zich tot het christendom bekeert wordt steeds groter.
- Door de tactiek die ze hanteren, zijn ze – vooral in moslimgebieden, waar de meeste mensen geweld schuwen – steeds meer aan de rand van de maatschappij komen te staan.
- Hun kreet 'wij houden meer van de dood dan jullie van het leven' is niets anders dan een poging om de leegte in hun ziel, die alleen door de echte God gevuld kan worden, te verbloemen. Het is één grote leugen.

Hoe weten we dat het allemaal bravoure is? Omdat deze mannen en vrouwen, zodra ze vrijkomen van wettelijke beperkingen en de groepsdruk van familie en leeftijdsgenoten en zelf naar de waarheid op zoek kunnen gaan, in ongekende aantallen tot geloof in Jezus komen. Intussen blijft Jezus hen in hun huidige situatie opzoeken. Uit het Midden-Oosten komen talloze verhalen van mensen die door dromen en visioenen van Jezus op bovennatuurlijke manier tot bekering zijn gekomen. De barbaarse en willekeurige aard van de IS-wreedheden is net zo'n bewijs van hun wanhoop als de kracht van christenen als antwoord op deze gruweldaden een bewijs is van de kracht van het Evangelie en de onfeilbare liefde van Jezus. Er bestaat een liefde die sterker is dan angst.

▸ IRAK

Sami

Sami werkt fulltime voor het Koninkrijk van God en deelt Bijbels uit aan vluchtelingen in Europa. Een Bijbel vasthouden is een opwindende ervaring voor hem. Hij heeft de eerste, hartverscheurende maanden van zijn leven als christen doorstaan zonder zelfs maar één Bijbel te zien.

Op een warme, stoffige dag begon Sami met zijn vrienden aan de 160 kilometer lange rit van Bagdad naar Najaf. Hun bestemming was de oude, ommuurde stad waarbinnen zich de belangrijke, sjiitische Imam Alimoskee bevond. Najaf is vandaag de dag een mengeling van oude en moderne gebouwen. De gouden koepel en torens van de moskee vormen de skyline van de stad, samen met de torens van de internationale luchthaven en de lichtmasten van een enorm stadion.

De jonge vrienden lieten de moderne straten en gebouwen van Bagdad achter zich en volgden de weg langs de vruchtbare vlaktes aan de Eufraat, waarna ze in zuidoostelijke richting de woestijn in reden. Ze namen een verkeerde afslag en reden daardoor per ongeluk meer naar het oosten. Ze keken naar de weg en verwachtten Najaf in het zicht te krijgen, maar in plaats daarvan doemde er een controlepost op. Toen ze dichterbij kwamen, beseften ze te laat dat het geen controlepost was. Een groep gewapende mannen opende het vuur.

Ik ben drieëndertig jaar en kwam bij toeval tot geloof in Christus. Mijn vrienden en ik waren onderweg naar Najaf en hadden een verkeerde afslag genomen. Plotseling werden we door gewapende mannen omsingeld en beschoten. Ze dwongen onze chauffeur tot stoppen. Ze namen ons geblinddoekt mee naar een verlaten plek, waar we drie dagen bleven. Op de derde dag haalden ze de blinddoek van ons gezicht. Ze zetten ons op een rij aan de

rand van een grote kuil. Daar duwden ze ons één voor één in en begonnen op ons te schieten.
Tot dat moment kende ik Jezus alleen van een televisieserie die ik had gezien. Ik had de naam van de serie opgezocht en ontdekte tot mijn verbazing dat hij in Iran was geproduceerd! Het was het verhaal van volgelingen van Christus die werden vervolgd en een grot in waren gevlucht.
Toen ik bij de rand van die kuil stond, wist ik dat mijn leven bijna voorbij was, dus ik begon te bidden wat ik op televisie gehoord had: 'Ik houd van U, Jezus. Wees mij genadig en vergeef me.' Onze God is zo groot! Hij gebruikte een tv-programma dat in Iran was geproduceerd om mij tot geloof in Christus te brengen.
De schutters schoten de man naast mij dood en zijn bloed spatte op mijn gezicht. Toen was het mijn beurt. Ik bleef in stilte bidden. Eén van de mannen duwde me die diepe kuil in en de andere mannen begonnen salvo's af te vuren. Voor hen was het een spel. Maar wonderlijk genoeg werd ik door geen enkele kogel geraakt. Hun spel ging verder en de dode lichamen van andere mannen vielen over me heen. Eén van de schutters riep: 'Daar leeft er nog een.' Dus ze begonnen weer op me te schieten, maar het lichaam dat op me lag beschermde me. Ze dachten dat ik dood was.
De schutters gingen shovels halen om ons te begraven. Ik heb daar uren gelegen, maar ze kwamen niet terug. Het werd donker, dus ik kwam overeind. Ik zat helemaal onder het bloed en strompelde naar een rivier om me te wassen. Toen liep ik door naar de hoofdweg met de naam van Christus voortdurend op mijn lippen. Toen ik thuis was gekomen, ontdekten de mensen in mijn omgeving dat ik in Christus geloofde, dus ik werd hun vijand. Ik weet niet waarom. Mijn vader was bereid me te doden als hij me zag. Hij gaf mijn naam zelfs door aan de mannen van een islamitische militie, zodat ze me konden doden. Ik ben bij allerlei kerken geweest, maar ze namen me geen van alle op. Ze waren allemaal bang. Ik moest vluchten.

Ik dook onder en ging van de ene plek naar de andere. Toen werd ik opgepakt en in de kelder van een islamitische rechtbank opgesloten. Ik dacht dat mijn laatste uur geslagen had. Ik wist dat er een grote God is en dat sommige mensen bereid zijn om voor Hem te sterven, dus ik was er ook klaar voor.
Drie dagen heb ik met touwen aan mijn handen aan het plafond gehangen. Vijftien dagen ben ik met wrede werktuigen gemarteld. Vaak kreeg ik elektrische schokken tot ik het bewustzijn verloor. Ze lieten me onder het bloed in die kelder met insecten liggen. De bewakers bleven zeggen dat ik mijn geloof moest opgeven en beloofden me alles te geven wat mijn hart begeerde als ik Jezus afzwoer.
Ik weigerde mijn geloof op te geven en daarom werd ik ter dood veroordeeld. Ik zei: 'Als jullie me doden, wil ik sterven als Jezus: aan een kruis.' Ze maakten een kruis voor me en zouden me de volgende dag kruisigen.
Die laatste nacht, terwijl ik op de grond lag, voelde ik waterdruppels op me vallen. Ze kwamen uit een opening in het plafond. Er zat een stalen rooster voor het gat. Ik kwam overeind en probeerde erbij te komen. Tot mijn verbazing zag ik dat het ijzer verroest was door het water! Ik kon het zo opzij drukken. Het was alsof de hemel voor me openging. Ik kon door de opening ontsnappen.
Ik stak de grens over en ontmoette een paar Irakese jongemannen met wie ik per boot verder reisde. Op zee kregen we te maken met zeer hoge golven. Ik riep de Naam van Jezus aan. Toen de anderen me hoorden, gooiden ze me overboord. Ik kon niet goed zwemmen en drie uur lang werd ik door de golven in de richting van de kust gestuwd. Toen ik aan land kwam, werd ik door de politie uit het water gevist.
Drie keer ben ik voor de dood gespaard gebleven. Ik weet zeker dat Jezus mij heeft gered. Ik had net als de anderen dood moeten zijn. Al snijden ze me in duizend stukken, ik zal Hem nooit verlaten.

Toen Sami's dood nabij leek, riep hij het uit naar Jezus en Jezus spaarde zijn leven. Maar daar bleef het voor Sami niet bij. Zijn noodkreet tot Jezus veranderde zijn hele levensloop. Voor die beslissing betaalde hij een hoge prijs.

Sami herinnert ons eraan dat de liefde van Jezus beter is dan het leven. Zijn toewijding aan Jezus was een getuigenis van zijn liefde voor iedereen die hem wilde ombrengen. Sami leefde naar wat Jezus ons leert: 'Wie zich aan zijn leven vastklampt, verliest het, maar wie in deze wereld zijn leven loslaat, behoudt het voor het eeuwige leven' (Johannes 12:25).

Sami is niet de enige die bereid is om voor de liefde van Christus te sterven. Zo staan talloze christenen over de hele wereld erin. Maar staan wij er ook zo in? Zo niet, begrijpen we dan wel echt wat Gods liefde inhoudt? Zien we de onfeilbare kracht ervan en zijn we er zo door geraakt dat we er überhaupt iets – laat staan ons leven als het ultieme offer – voor overhebben?

Sami diende Jezus niet alleen, hij hield van Hem. De liefde van Jezus dreef hem.

Sta een moment stil. Onderzoek je hart. In hoeverre ontroert de liefde van Jezus je? Word je erdoor geraakt? Of heb je Zijn verhaal al zo vaak gehoord dat je eraan gewend bent geraakt?

In Lucas 7 zegt Jezus tegen Simon de Farizeeër dat onze bereidheid om anderen lief te hebben in directe verhouding staat tot wat we zelf van Gods liefde ervaren hebben. De apostel Johannes drukt zich nog krasser uit: 'Wie niet liefheeft, kent God niet, want God is liefde (...) Wij hebben lief, omdat God ons het eerst heeft liefgehad' (1 Johannes 4:8,19).

Gods liefde stroomt in ons over als liefde naar anderen toe.

Voor Sami was de liefde van God iets heel nieuws en werd die ook letterlijk zijn redding. Voor velen van ons kan die liefde wat 'oud' aanvoelen en is Jezus simpelweg een soort kaartje naar de hemel. Maar Jezus stierf niet alleen aan het kruis om ons een kaartje naar de hemel te geven. Hij stierf aan het kruis omdat

we onze relatie met God onmogelijk zelf kunnen repareren. Hij heeft alles voor ons overgehad, opdat wij de eeuwigheid – en die begint nu al – met God konden doorbrengen.
Misschien klinkt je dit allemaal wat te zweverig – te theologisch of filosofisch – in de oren. Mag ik het dan terugbrengen tot de kern: wat betekent het dat Jezus' onfeilbare liefde beter is dan het leven?
Eén van de duidelijkste voorbeelden is wat er in 165 en 250 na Christus in Rome gebeurde. Toen de stad werd getroffen door de pest verlieten de rijken onmiddellijk de stad, terwijl hun medeburgers op straat crepeerden. Maar de christenen, aangemoedigd door hun leiders, bleven in de stad om de stervenden bij te staan en te zorgen dat de doden op een waardige manier werden begraven. Dit vond plaats in een periode van vervolging en onderdrukking. Toch dienden de christenen ook degenen die hen anders zouden hebben vervolgd. Ze riskeerden vrijwillig hun eigen leven voor mensen die dat nooit voor hen zouden doen en de christenen het liefst in de gevangenis hadden gegooid – of erger.
Veel christenen kregen dus zelf ook de pest, maar ze beschouwden de liefde van God die ze anderen betoonden waardevoller dan hun eigen leven. Eén van de interessante neveneffecten van die beslissing was dat er weliswaar veel christenen aan de pest overleden, maar dat anderen bleven leven en immuun werden door hun dienstbaarheid.
Daar zie ik een les in voor ons allemaal.
Hoewel het normaal en in veel opzichten begrijpelijk is om gevaar te vermijden, schenkt God de grootste zegeningen wanneer we alles voor de liefde op het spel zetten: wanneer we ons in uitzichtloze situaties begeven en anderen de liefde van God laten zien. Nogmaals, het is zoals Jezus zei: 'Wie zich aan zijn leven vastklampt, verliest het, maar wie in deze wereld zijn leven loslaat, behoudt het voor het eeuwige leven.'

Een geliefde uitspraak van Anne van der Bijl, de bekende Bijbelsmokkelaar en oprichter van Open Doors, was dat hij maar één ding betreurde in zijn bediening: dat hij niet meer risico's had genomen!
Waarom?
Omdat Gods liefde zo radicaal is.
Het betekent dat we ervoor kiezen om hoe dan ook lief te hebben, ongeacht wat het kost en hoe de ander erop reageert. Gods liefde is niet alleen voor mensen die van ons houden, maar ook voor mensen die ons haten. Dat komt omdat we meer van Hem houden dan van ons leven op aarde.
Denk bijvoorbeeld eens aan die christelijke weduwen in Egypte. Zij kozen ervoor om de IS-beulen die in 2015 hun mannen (in oranje overalls) onthoofdden lief te hebben en te vergeven, zoals in de landelijke kranten van Egypte te lezen was.
Wanneer zoiets gebeurt, kunnen we het nauwelijks bevatten. We staan perplex. Dat komt omdat we het maar zelden meemaken dat deze bovennatuurlijke liefde zo duidelijk zichtbaar wordt. In een wereld waarin twee miljard mensen zeggen Jezus Christus te volgen, zou dat echter veel normaler moeten zijn.
Liefde zou *de normaalste zaak van de wereld moeten zijn voor een christen*. Toch zijn ook wij soms net zo verbaasd als ieder ander wanneer we zulke buitensporige liefde in onze gelederen aantreffen. Dus voordat we de grootse liefde bereiken die de Bijbel ons voorhoudt, moeten we beginnen om in liefde te wandelen – misschien langzaam, ploeterend, met kleine stapjes, om te leren wat het betekent om in die liefde te wandelen.
Je wandelt in liefde met de collega die jou oneerlijk behandelt of de persoon die jou op het internet het leven zuur maakt. Je wandelt in liefde met die persoon die iets tegen je heeft of je iets ergs heeft aangedaan.

Je wandelt in liefde. Je zet duizend verschillende stappen, allemaal dezelfde kant op, tot je een persoon van liefde bent die zo door het offer van Jezus gegrepen is, dat liefde iets is wat je bent en niet alleen iets wat je doet.

Dat is het moment waarop de liefde jou verandert.

Vergeet daarbij niet dat echte liefde alleen tevoorschijn komt wanneer het je iets kost. Om werkelijk, diep vanbinnen en radicaal van anderen te kunnen houden, moeten we eerst zelf de liefde van God ervaren.

Veel christenen die met ernstige vervolging te maken krijgen, vergeven hun onderdrukkers. Hun daadwerkelijke ervaringen verschillen van persoon tot persoon, maar wat hetzelfde is, is hun overtuiging dat Jezus' onfeilbare liefde beter is dan het leven.

De liefde van God dringt hen. Die liefde houdt hen overeind. Die liefde is hun grootste getuigenis. Misschien ervaren we zo weinig liefde omdat onze verwachtingen veel te hooggespannen zijn. We verwachten dat liefde een geschenk aan *ons* is, maar liefde was altijd al bedoeld als een geschenk aan anderen: een geschenk dat het meest waard is wanneer het geschonken wordt in ruil voor haat. Liefde die tot vergeving leidt, maakt harde harten zacht. Ze biedt een weg tot verlossing aan hen die in de donkerste vormen van haat gevangen zitten.

6

VANWEGE ZIJN GENADE KAN IK NIET ANDERS DAN ZIJN NAAM VERKONDIGEN, AL KOST HET ME ALLES

Wat ons drijft is de liefde van Christus, omdat we ervan overtuigd zijn dat één mens voor alle mensen is gestorven, waardoor alle mensen zijn gestorven, en dat Hij voor allen is gestorven opdat de levenden niet langer voor zichzelf zouden leven, maar voor Hem die voor de levenden is gestorven en is opgewekt.

2 Korintiërs 5:14-15

De Bijbel is het vaakst verbrande en meest verboden boek ter wereld. Het is het meest geliefde en meest verachte boek. Het is niet te beschrijven wat er allemaal is geprobeerd om dit Boek te vernietigen.

Het vervolgingsverhaal dat je in dit hoofdstuk leest, begint met Ermias' verlangen om de Bijbel beter te kennen en dus te bestuderen. Zijn verhaal is niet ongewoon, want in de hele wereld lopen christenen het risico in de gevangenis te belanden omdat ze dit boek alleen maar bezitten of bestuderen. Van sommige jihadisten is zelfs bekend dat ze de bladzijden van de Bijbel als wc-papier gebruikten. Anderen hebben er echter voor gekozen om een exemplaar voor zichzelf te houden – en alleen in het verborgene van de nacht tevoorschijn te halen en te lezen – om uiteindelijk tot geloof te komen.

Moedige gelovigen koesteren dit Boek. De gedrukte Bijbel zelf heeft talloze martelaren voortgebracht en tegenwoordig kost het levensboek nog steeds het leven van bepaalde volgelingen van Jezus. Maar dat levende Boek heeft elke poging om het te verdelgen overleefd.

De reden dat zoveel vervolgers tegen de Bijbel zijn, is dat ze die als een bedreiging zien. De Bijbel is de taal waarin God tot ons geweten spreekt. De Bijbel zegt dat het Woord op ons hart geschreven en daarin verborgen is, dus wanneer we hem lezen, stuurt God een boodschap in Zijn eigen taal rechtstreeks naar ons diepste innerlijk. Dat is een daadwerkelijke bedreiging voor elke ideologie die daartegen ingaat. Het is een bedreiging voor politieke leiders die niet willen dat mensen zelf nadenken. Het is een bedreiging voor de vijand, die niet wil dat we de waarheid kennen... Het is geen toeval dat de meest tirannieke regimes in de geschiedenis altijd wars waren van godsdienst, met name van het christendom en de Bijbel. Dit boek heeft ervoor gezorgd dat mannen en vrouwen niet alleen hebben ontdekt wat goed is, maar ook dat ze een eigen wil hebben, die God hun gegeven heeft. En de vrije wil van de mens is een bedreiging voor tirannie.

Het feit is dat liefde voor de Bijbel vaak het begin van vervolging betekent. De Bijbel is een boek dat mensen verandert. Het bedreigt onze eigen pogingen om de controle over ons leven te houden en het bedreigt degenen die anderen onder controle willen houden. De Bijbel zet God op Zijn rechtmatige plaats en ons op de onze.

Maar de waarheid van de Bijbel kan nooit tot zwijgen worden gebracht en door de eeuwen heen hebben volgelingen van Jezus alles gegeven voor hun liefde voor Gods Woord.

Dit is hoe het allemaal voor Ermias begon.

▸ ETHIOPIË

Ermias

Een liedje van Whitney Houston schalt uit de luidsprekers. Het gerammel van potten en pannen in de keuken, het geraas van voorbijrijdende vrachtwagens, de geur van eten, vermengd met die van Turkse koffie – dit alles zorgt voor een onrustige sfeer in het restaurant. Maar Ermias is onverstoorbaar. Hij vertelt geconcentreerd zijn verhaal, dat aanvoelt als een vervolg op het boek Handelingen. Hij is goed opgeleid en spreekt meerdere talen vloeiend. Kort en bondig vertelt hij wat er in krap twintig jaar is gebeurd, alsof het allemaal gewoon deel uitmaakt van zijn missie om het Evangelie te verspreiden. Ermias is een geboren en getogen Ethiopiër. Hij heeft een lichte huidskleur, is niet groot, een tikkeltje gezet en heeft een keurig getrimde baard. Hij valt op. Hij kon een buitenlander zijn uit praktisch elk land. En dát heeft zijn leven gered. Security-medewerkers konden hem niet plaatsen in de vele landen waar hij gewoond en gereisd heeft. Veiligheidsdiensten hebben hem ook niet tegen kunnen houden.

Welke nationaliteit hij ook heeft, Ermias is een vurig christen. Zijn geloof is alles voor hem en hij wil heel graag de Arabische wereld bereiken – om 'voor God de geschiedenis te veranderen'. Toen cipiers zeiden dat hij zich tot de islam moest bekeren, draaide hij de rollen om en begon een kerk in de gevangenis. Toen ze hem voor straf naar Ethiopië terugstuurden, begon hij onder Arabieren te getuigen en hen tot Christus te leiden. Hij heeft foto's en filmpjes op zijn telefoon van mensen die genezing ontvingen of tot geloof zijn gekomen.

De eerste keer dat hij gevangen werd gezet, duurde dat een aantal maanden. Hij was alleen maar opgepakt omdat hij honger naar de Bijbel had. De tweede keer was hij alleen gearresteerd omdat hij met een illegale immigrant in een

auto reed. Die keer werd hij na zijn gevangenisstraf het land uitgezet. Op zijn vluchtwegen over zee en land heeft hij afschuwelijke dingen meegemaakt. Hij werd beroofd, gemarteld en bespot. Hij heeft van alles meegemaakt, maar is desondanks nooit ontmoedigd geraakt.
Sommige mensen krijgen misschien een keer genoeg van de bediening, het risico op gevangenschap, het gescheiden zijn van familie, het ellendige vluchten. Ermias en zijn vrouw kunnen nauwelijks wachten om herenigd te worden, opnieuw te beginnen en de Arabische wereld te dienen. Het is de genade van Jezus die hen dringt, wat het ook kost. Ze zien het zelfs bijna niet meer als ‘kosten’, een prijs die ze betalen.

Toen ik op de middelbare school zat, begon ik aan een schriftelijke Bijbelcursus. Per keer kreeg ik zo’n vijftien tot twintig pagina’s christelijke lectuur toegestuurd, dus de enveloppen waren nogal dik. De overheid maakte het de kerk lastig in die tijd. Ze zagen de dikke brieven die ik kreeg en zetten me maandenlang zonder reden achter de tralies, alleen omdat ik dat materiaal had.
Na een aantal maanden hielp een ambtenaar me om vrij te komen. Ik ben in Ethiopië geboren, dus de regering zei dat ik naar dat land moest terugkeren. Maar de grens zat toen dicht, en daarom zeiden ze dat ik met die cursus moest stoppen en gewoon thuis moest blijven. Ik mocht geen lectuur ontvangen en nergens naartoe.
In die tijd werden kerkleden mishandeld en dwong de regering kerken om hun deuren te sluiten. Kerkelijke activiteiten werden verboden. Na een paar maanden betaalden mijn zus en ik het equivalent van 350 dollar aan mensensmokkelaars om met een kleine boot te vluchten. We waren met ongeveer 85 mensen, waarvan bijna tachtig procent uit Ethiopië kwam. De rest kwam uit Eritrea. We brachten drie dagen en nachten op zee

door. Niet alle immigrantenboten bereiken hun bestemming en de smokkelaars zijn onbetrouwbaar. Het was heel gevaarlijk.
Het gebied waar we aankwamen lag in de buurt van een stad waar het politiek onrustig was. Stammen stonden elkaar naar het leven. Iedereen droeg wapens. Omdat het een immigrantenroute was, probeerde iedereen immigranten te beroven.
Na middernacht bereikten we de kust. We hadden geen water, geen eten, geen kompas. Zelfs in de boot was het water slecht. De kapitein had wat benzine door het water gemengd zodat het vies rook en we niet te veel zouden drinken. Toen we aan land waren gekomen, wisten we niet waar we heen moesten. We waren met 85 mensen verdwaald in het donker. We waren bang dat de plaatselijke mannen zich aan de vrouwen zouden vergrijpen, dus we verdeelden ons in twee groepen om de vrouwen te beschermen. We begonnen te lopen. We hoorden het geblaf van de woestijnhonden: de jakhalzen en hyena's.
Kort daarna zagen we kaarslicht, dus we stuurden de mannengroep erheen, in de hoop mensen te vinden die eten en water voor ons hadden. Maar in plaats daarvan werden we op geweervuur onthaald. Die mensen pakten ons geld, onze horloges en onze schoenen af. Ze gaven ons water, maar dat was vermengd met kamelenurine, die medicinale eigenschappen zou hebben. Dit gebeurde in de woestijn, die heel heet was, en we hadden zo'n dorst dat zelfs dit water lekker smaakte.
De woestijnhonden bleven blaffen en huilen, dus de mannen wezen met hun geweren naar ons en zeiden: 'Jullie zijn met meer. Die maken de honden aan het blaffen.' Ze gingen op zoek en vonden onze andere groep, van wie ze ook alles afpakten. Ze beroofden de meisjes, maar deden hen niets aan.
Nadat ze ons hadden beroofd, wilden ze ons laten gaan, maar wij zeiden: 'Waar moeten we heen?' Eén van hen was vriendelijk en zei: 'Volg die ster om bij de grens te komen.' Toen splitsten onze groepen zich weer op. De groep waarin mijn zus en ik zaten,

bestond uit ongeveer achttien mensen. Van de andere groep heb ik nooit meer iemand gezien.
Mijn groep begon te lopen. We waren zwak, maar liepen toch een paar uur. Toen we rust nodig hadden, vonden we een berg met een grot waarin we gingen slapen. Terwijl we daar lagen, volgden een paar jongemannen op motorfietsen onze sporen. Ze reden een tijd lang om de berg heen, maar konden ons niet vinden, dus ze gingen weer weg.
Bij het opkomen van de zon stonden we op. In de verte zagen we kamelen, dus daar liepen we heen en zo kwamen we bij een huis. We vroegen de mensen in dat huis, een moeder en dochter, om water. De moeder zei tegen haar: 'Ga je broer halen.' Wat we niet wisten was dat ze wilde dat haar zoon en zijn vrienden met de machinegeweren ons beroofden! We hoopten water te krijgen, maar toen de zoon er was, namen ze ons mee naar buiten om ons te bestelen. We waren al beroofd en hadden niets, daarom namen ze veel kleren van ons af.
Uiteindelijk liepen we helemaal naar een dorp dat dichter bij de volgende grens lag: ruim zestig kilometer. Buiten het dorp ontmoetten we een man die 150 kamelen water gaf. We mochten uit zijn put drinken en ons wassen.
Die avond vertrokken we weer, maar het zand was zacht. Lopen ging moeilijk omdat we wegzakten. Na ongeveer een uur hoorden we de wind opsteken. Het was een krachtige wind. Er was geen enkele stad in de buurt, dus we moesten daar in de woestijn blijven. Toen begon het te regenen. We hadden nauwelijks kleren en geen eten. We waren heel zwak en we wisten niet waar we heen moesten, daarom gingen we maar onder een boom zitten. De jakhalzen en hyena's roken ons en kwamen blaffend dichterbij, maar we bleven ongedeerd. Dat was de ergste nacht. De volgende ochtend kwamen er een paar vriendelijke mensen langs. Zij zetten ons in een zeer oude auto en brachten ons tot vlak bij de grens.

De rest van de weg hebben we gelopen. Er waren overal soldaten met machinegeweren en overheidsauto's. Langs die weg worden veel meisjes gesmokkeld, dus hij wordt zwaar bewaakt, maar we hadden geen keus. We moesten die grens over. Toen we bij de grenspoort kwamen, werden we door grenswachten tegengehouden. We vroegen hun om water. Ze gaven ons water uit flessen die ze in hun auto's hadden. We vertelden hen dat we Ethiopiërs waren en alleen maar naar Ethiopië wilden. We zeiden dat we op doorreis waren in hun land en er niet wilden blijven. Ze lieten ons door, maar waarschuwden ons dat er verderop speciale eenheden konden zijn die ons zouden arresteren omdat we illegaal waren. Toen we eenmaal in dit nieuwe land waren, vonden we onze broer, die daar legaal woonde. Ik bleef acht maanden bij hem en maakte mijn middelbare schoolopleiding af. Ik leerde de nieuwe taal vloeiend spreken. Ik werd lid van de Christus Koningkerk en trouwde met mijn vrouw. De leiders vroegen me om te gaan evangeliseren in twee plaatsen in het zuiden. Ik wist dat het gevaarlijk was in die zuidelijke steden. Er zijn mensensmokkelaars, drugssmokkelaars en wapensmokkelaars. Bovendien zijn de kerkleden voor het merendeel illegale immigranten. Maar ik had het gevoel dat God tegen me zei dat ik hen moest helpen. Samen met mijn vrouw verhuisde ik daarheen.
Ik bad dat God me zou helpen Zijn Naam te verkondigen en een goede broeder voor de kerk en een goede echtgenoot te zijn. Toen we daar kwamen, was het moeilijk om een plek te vinden waar we een dienst konden houden. Ook is het illegaal om mensen te vragen erheen te komen. Maar de eerste avond dat ik sprak, geloofden acht mensen het onderwijs over Jezus. Prijs God!
De illegalen daar moesten van alles doen om hun brood verdienen. Ze gingen van deur tot deur om kleding te verkopen. Er waren ook tuinmannen en schaapherders. Ik vond het een eer om me in te zetten voor zulke mensen, die geen scholing hadden gehad, maar zo blij waren om over God te horen. Ze hadden uiteraard

geen geld. Ik geloofde echter dat we de geschiedenis veranderden en dat God voor ons zorgde.
De afstand tussen de twee kerken waarvoor ik werkte was ongeveer vijftig kilometer. Op de een of andere manier kregen we altijd het geld om heen en weer te reizen. Ik werd gelukkig nooit aangehouden. Ik was voorzichtig. Ik droeg witte kleren, als een moslim, en sprak vloeiend elke taal van het Midden-Oosten. De politie wist nooit waar ik vandaan kwam.
Op een dag reed ik van de ene stad naar de andere met een kerklid mee. De politie hield ons tegen en vroeg om onze identiteitsbewijzen. Ik gaf het mijne, maar de man van onze kerk had er geen. Hij was illegaal. Ik vertelde hun dat de illegale man mijn zoon was en dat heeft hem gered. Ze stuurden hem alleen maar terug naar Ethiopië. Maar ik werd lange tijd opgesloten.
Het was een zeer slechte gevangenis. Ik had in mijn hele leven nog nooit zo'n plek gezien. Het was er heel donker, klein en overbevolkt. Er zaten ongeveer 1350 gevangenen in één ruimte. Ze kwamen allemaal uit het Midden-Oosten en Azië en waren apartgezet vanwege hun cultuur en godsdienst. Daarom werd er altijd gevochten in die gevangenis.
Na ongeveer een maand begon ik in de gevangenis van mijn geloof te getuigen. God gaf me kracht en energie. God gaf me meteen twee bekeerlingen. De eerste was een Ethiopiër. Hij was ooit christen geweest en bad samen met me. De andere was een Arabier. We spraken over de Bijbel en ik onderwees hem over de Bijbel, van Abraham helemaal tot Jezus. Hij bad met ons mee. De gevangenbewaarder keek toe en luisterde wanneer we baden. Op een dag kreeg ik de ingeving om hem te vragen of hij met ons mee wilde doen, en dat deed hij. Meer mensen vertelden me dat ze iets voelden wanneer we baden. Toen vertelden ze aan andere mensen dat ze iets voelden. Enkele Ethiopiërs gingen naar de islamitische leider om hem te vertellen dat ze zich tot het christendom bekeerden. Ik was heel blij!

De islamitische leiders gingen naar het gevangenisbestuur om hen op de hoogte te brengen. Ik moest op het kantoor komen, waar ze me een document van drie bladzijden met beschuldigingen vanwege mijn geloof lieten zien. Ze vroegen me of het verslag klopte. Ik zei: 'Ja, alles klopt, want ik ben christen.'
De cipiers zeiden: 'Je moet je tot de islam bekeren, want anders word je gestraft.' Ze wilden heel graag dat een goede leraar als ik zich tot de islam bekeerde. Ze beloofden me geld en zeiden zelfs dat ze me vrij zouden laten als ik me bekeerde. Ze gaven me één dag om erover na te denken. Toen ze me weer ophaalden, vertelde ik hun dat ik niet van gedachten was veranderd.
Twee militairen en een islamitische leraar brachten me naar een kleine ruimte en begonnen me te martelen. De twee soldaten hielden me vast en de andere man brak mijn tenen. Ze hielden mijn handen vast en trokken mijn nagels eraf. Ik schreeuwde het uit van de pijn. Ze gooiden me in een isoleercel en gaven geen enkele medische zorg. Een dag later brachten ze me terug naar mijn oude cel en zeiden dat ik langer vast zou zitten. Ze eisten regelmatig dat ik me bekeerde. Mijn ontslagdatum werd telkens een maand opgeschoven.
Veel gevangenen zijn nooit voor een rechtbank geweest. Of ze zitten hun straf uit, maar moeten blijven omdat het papierwerk niet in orde is. Veel mensen worden in de gevangenis onthoofd. Ik had geen hoop op vrijlating. Mijn handen waren geketend. Mijn benen waren geketend. Maar ik bad dat het slechts een beproeving was en dat ik omwille van God gevangenzat.
Thuis werd mijn bankrekening bevroren. Daar stond het geld van de gemeente op, dus daar kon niemand bij. Mijn vrouw vond werk om in haar onderhoud te voorzien. Uiteindelijk hebben ze me vrijgelaten en moest ik het land uit. Mijn vrouw en ik willen naar andere Arabische landen om het Evangelie te verkondigen. Ik spreek en schrijf verschillende talen en wil mensen dienen. Ik ken de Koran, dus ik kan moslims onderwijzen. Ik heb energie

om onder Arabieren van God te getuigen! Ik voel me geroepen om in de Arabische wereld het Evangelie te brengen!

Ermias' vastberadenheid om te getuigen – ondanks de prijs die hij ervoor betaalde – doet me denken aan het advies dat Jezus Zijn volgelingen gaf: 'En als ze je niet willen ontvangen noch naar je woorden willen luisteren, (...) schud het stof van je voeten' (Matteüs 10:14). Jezus gaf Zijn discipelen de raad om ergens anders gewoon door te gaan met evangeliseren. Gewoon doorgaan.

Hij zei: 'Voel je niet gekrenkt, laat je niet ontmoedigen – ga gewoon door.' Ik vrees dat velen van ons dat niet redden. Als iemand ons bespot om ons geloof – of als er zelfs maar een kans is dat we worden uitgelachen – besluiten we om onze mond te houden. We worden zwijgende christenen.

Maar Ermias blijft het goede nieuws verkondigen. Niets weerhoudt hem ervan zijn mond te openen, zijn roeping te volgen, zijn missie te volbrengen. Hij voelt zich 'sterk gedreven' om door te gaan. Dat ziet hij niet als een optie. Het is zijn voorrecht en zijn verantwoordelijkheid. Hij leeft zo dicht bij Jezus – en zijn geloof in het Evangelie is zo sterk – dat hij als een magneet naar de volgende gelegenheid wordt getrokken om anderen over Jezus te vertellen.

Het is niet zo dat we dat gevoel zelf niet kennen. We voelen ons tot veel dingen gedreven. We voelen ons alleen niet tot dit ene ding gedreven.

We moeten onszelf onderzoeken en ons afvragen: wat zijn wij – tot elke prijs – bereid te doen, of het nu gemakkelijk is of niet?

Ik heb mensen ontmoet die zich gedreven voelen door roem, door rijkdom, door een droom en door de meningen van anderen. Ze doen *alles* om dat ene te verwerven, die volgende mijlpaal te bereiken en die ene droom te verwezenlijken.

Maar als we écht geloven dat Jezus de hoop van de wereld is, moeten we onszelf door die *waarheid* laten leiden en daartoe gedreven worden. De genade van Jezus is als een magneet die ons aantrekt tot andere mensen die Zijn hoop nodig hebben. En Zijn genade is als een spiegel die ons er elke dag aan herinnert hoezeer we zelf Jezus nodig hebben.

In het hele Nieuwe Testament worden christenen als vreemdelingen en pelgrims gezien. Wanneer Jezus voor ons bidt, zegt Hij dat we 'niet van deze wereld' zijn. Met andere woorden, er moet iets zijn wat ons anders maakt dan anderen, iets anders wat ons dringt.

We zouden een andere drijfveer moeten hebben dan de ons omringende wereld heeft. Dat zien we bij de eerste christenen: 'wie een stuk grond of een huis bezat, verkocht het, bracht de opbrengst naar de apostelen en legde die aan hun voeten neer, waarna het geld naar behoefte onder de gelovigen werd verdeeld' (Handelingen 4:34-35). Als gewone gelovigen zouden ook wij net zo toegewijd aan Christus en Zijn volk moeten zijn, dat we bereid zijn ons eigen comfort voor anderen – vooral andere gelovigen – op te offeren.

Op dezelfde manier zouden we iets moeten hebben wat de wereld niet helemaal begrijpt. Ik bedoel niet dat mensen ons gek of vreemd moeten vinden, maar wel dat ze beslist iets anders aan ons zien.

In plaats daarvan gaan we eerder een beetje op in de massa. We zijn helemaal niet anders dan anderen. We zijn geconditioneerd om te denken, praten en geloven zoals de cultuur dat van ons vraagt, maar vergeten dat onze cultuur helemaal niet Bijbels is. Als christenen zouden we ons daar allemaal onbehaaglijk bij moeten voelen. We zouden het gevoel moeten hebben dat deze wereld niet ons thuis is, maar velen van ons voelen zich hier *wel* thuis. Ze voelen zich thuis in deze wereld en prettig bij wat ze hebben.

De genade van Christus dringt bepaalde christenen om ondanks vervolging te blijven waar het moeilijk is, omdat ze toch al niet vinden dat ze zich daar op hun gemak zouden moeten voelen. Daardoor blijven er christenen in Syrië, op slechts een steenworp afstand van IS. Andere christenen blijven in communistische landen, ook al worden ze telkens weer gevangengezet. En er blijven christenen in Nigeria, ook al zijn hun gemeenschappen keer op keer het doelwit van Boko Haram.
De genade van Jezus dringt ons om Zijn liefde uit te delen, vooral wanneer en waar dit moeilijk is. Het zet een streep door ons verlangen om een prettig leven te leiden. Het reduceert onze verwachting dat deze wereld ons op de een of andere manier iets schuldig is.
Hoe veranderen we dit deel van ons?
Soms denk ik dat we bewust voor ongemak moeten kiezen. We moeten het onszelf ongemakkelijk maken. We moeten iets meer opofferen dan we prettig vinden, iets meer riskeren dan we prettig vinden, naar plekken gaan waar we ons niet prettig voelen. C.S. Lewis sprak deze fameuze woorden:

Ik geloof niet dat iemand kan bepalen hoeveel we zouden moeten geven. Ik ben bang dat de enige veilige regel is dat we meer moeten geven dan we kunnen missen... Als onze liefdadigheid in het geheel niet hindert of pijn doet, zou ik zeggen dat deze te karig is. Er moeten dingen zijn die we graag zouden doen, maar niet kunnen omdat we zoveel uitgeven aan liefdadigheid dat we er geen geld voor hebben.

Offers horen bij ons geloof. Voor een aantal van ons betekent dit financieel meer geven dan we van plan waren. Of dat we niet naar een relatief stabiel land als Zuid-Afrika op zendingstrip gaan, maar naar het Midden-Oosten. Of dat we in plaats van tijdens een voorjaarsvakantie evangeliseren, dat in de kerstva-

kantie doen en met het hele gezin gaan. We kunnen veel dingen doen om het ons opzettelijk ongemakkelijk te maken. Dat ziet er voor iedereen anders uit. Maar als we niets opofferen, zullen we ons geloof in Jezus niet ervaren.
En dan is er ook dat Boek nog, dat op een stoffige plank staat en ons hart onrustig maakt. Dat Boek dat ons oproept om anders te leven, anders lief te hebben en meer te geven aan God dan we prettig vinden. De Bijbel is de ultieme gids tot een ander leven en deze reisgids brengt ons op een plek waar wij echt moeten zijn. Dat Boek maakt ons tot degenen die we moeten zijn. Zonder dat Boek verdwalen we.
Dat prachtige Boek – dat verboden en verbrande boek – lijkt Ermias alles gekost te hebben. Maar uiteindelijk bracht het hem wat iedereen in deze wereld lijkt te zoeken: vrede.

7

AL KIJK IK DE DOOD IN DE OGEN, IK ZAL HEM NIET VERLOOCHENEN

Simon Petrus gaf antwoord: 'Naar wie zouden we moeten gaan, Heer? U spreekt woorden die eeuwig leven geven, en wij geloven en weten dat U de Heilige van God bent.'

Johannes 6:68-69

Ik heb ervoor gekozen om meerdere verhalen uit Eritrea in dit boek op te nemen. Dat doe ik niet alleen vanwege de moed van de gelovigen en de ernst van de vervolging daar, en niet alleen omdat Eritrea minder bekend is in het Westen, maar ook omdat dit land in een recent verslag van de USCIRF – de Amerikaanse commissie van internationale godsdienstvrijheid – 'het Noord-Korea van Afrika' wordt genoemd.
Een krant voegt eraan toe:

Beperkte bewegingsvrijheid is slechts het topje van de ijsberg in dit Oost-Afrikaanse land, dat tot de wreedste dictaturen ter wereld behoort. Als het om de vrijheid van meningsuiting gaat, staat het land volgens Verslaggevers Zonder Grenzen op plaats 179 op een ranglijst van 179 landen, wat dus nog lager dan Noord-Korea is. Eén van de meest in het oog springende bewijzen van de hardvochtigheid van het regime in Asmara, de Eritrese hoofdstad, is de militaire dienstplicht die mannen van hun achttiende tot hun vijfenvijftigste levensjaar moeten vervullen – iets wat velen proberen te ontvluchten. Een woordvoerster van Amnesty International in Israël merkt op dat dit – in een land waar de levensverwachting 61 of 62 is – betekent dat velen hun hele volwassen leven in het leger doorbrengen, waar ze vaak hard moeten werken en weinig betaald krijgen.

Officieel is het christendom een wettelijk erkende godsdienst in Eritrea. Maar denk niet dat deze erkenning door de overheid betekent dat er godsdienstvrijheid bestaat. Voor burgers is er heel weinig ruimte om vrij en vreedzaam hun geloof te beleven. De overheid bemoeit zich vergaand met de vier in Eritrea erkende geloofsgemeenschappen: de Koptisch-Orthodoxe kerk, de Soennitische islam, de Rooms-katholieke kerk en een Lutheraanse denominatie. De orthodoxe patriarch Abune Antonius staat al sinds 2006 onder huisarrest wegens zijn verzet tegen inmenging in kerkaangelegenheden en is ontheven uit zijn positie als leider van zijn kerk.
Het regime maakt alle andere religieuze groeperingen illegaal. Gevangengenomen protestantse en pinksterchristenen worden regelmatig gemarteld en gedwongen om hun geloof af te zweren.
Qua godsdienstvrijheid is Eritrea één van de beroerdste plekken op aarde.

Maar het verhaal dat je in dit hoofdstuk zult lezen, laat zien dat er zelfs op de donkerste plekken licht schijnt. Wij die in veiligheid leven, lijken maar weinig bereid te zijn om voor de Naam van Jezus te lijden. Maar Adonay liet zich door niets of niemand tegenhouden om die Naam uit te spreken.

▸ ERITREA

Adonay

Adonay is nog maar 27 jaar en is een lange, slanke, rustige en bescheiden man. Het is de eerste keer dat hij met een westerling praat. Terwijl hij zijn verhaal doet, kan hij het zweet en de urine van al die gevangenen en bewakers nog ruiken. Hij voelt nog steeds de pijn van touwen die om zijn polsen knelden en van zoveel afranselingen dat hij ze niet kan tellen. Hij proeft nog steeds het droge brood dat hem twee keer per dag werd toegegooid. Zijn gezicht straalt van de liefde van Christus, maar hij spreekt met een monotone, moedeloze stem. Hij vertelt over de gruweldaden alsof hij ze wel tien keer opnieuw heeft beleefd en een woord als *almaz* rolt van zijn tong alsof hij het over het weer heeft.

Almaz is een martelmethode die Eritrese cipiers graag gebruiken. Dan binden ze de ellebogen van een gevangene achter zijn rug bij elkaar en hangen hem bij zijn ellebogen aan het plafond, een boom of een paal, waarbij hij met zijn tenen net de grond kan aanraken. De armen van het slachtoffer zwellen genadeloos op en de pijn is zo intens dat hij denkt elk moment te kunnen sterven.

Ook andere methoden, zoals 'de helikopter', werden veel toegepast. Daarbij moet het slachtoffer op zijn buik gaan liggen en binden zijn folteraars zijn handen en voeten achter zijn rug met een touw bij elkaar. Soms moeten ze in die houding op de grond blijven liggen, waarna ze veelvuldig worden geslagen. Veel mensen die we ontmoet hebben, zeggen dat ze op die manier gemarteld zijn. Anderen hebben gezegd dat ze soms met een zoete vloeistof werden overgoten, waardoor ze stekende insecten aantrokken. Of ze werden in die houding opgehangen om dagenlang aan het plafond of een boom te bungelen, wat de naam 'helikopter' verklaart.

Eritrese gevangenen kunnen misschien dromen van vrijlating, maar als ze de gevangenis verlaten, worden ze ofwel gedwongen het leger in te gaan ofwel op een of andere wijze gekleineerd. Ze vinden zelden werk en hebben vaak geen andere keus dan te bedelen. Christenen in Eritrea weten wat hen te wachten staat als ze worden gearresteerd. Gelovigen ondergaan in de gevangenis de ergste martelingen en krijgen het minst te eten. Als ze niet gemarteld worden, staan Eritrese gevangenen bovendien bloot aan extreme woestijnhitte. Het land ligt ten noorden van Ethiopië in de Hoorn van Afrika en is een woestijn. De mensenrechtenschendingen maken het een 'country of concern'. In een diplomatiek verslag van het Verenigd Koninkrijk staat: 'Eritrese gevangenisomstandigheden zijn levensbedreigend, zwaar, mensonterend en onhygienisch. Gevangenen worden aan lichamelijke en geestelijke martelingen onderworpen. Ze worden wreed, onmenselijk en vernederend behandeld. Het komt regelmatig voor dat mensen door martelingen, overbevolking, ziektes, slechte voeding en andere zware omstandigheden overlijden.'

Het begon toen Adonay veertien was. Hij was nog maar een kind en pas twee jaar christen toen hij om zijn geloofsovertuiging in de gevangenis terechtkwam. Toch behield hij zijn geloof, terwijl hij onvoorstelbare martelingen onderging. Adonay sprak zelfs vrijmoedig over Jezus met gevangenispersoneel en diende van harte zijn broeders en zusters. Hij bracht zichzelf in gevaar door voor hen hulp uit de buitenwereld te zoeken.

Een ontmoeting met Adonay maakt altijd indruk, in welke omstandigheden je hem ook aantreft. Aan het eind van ons gesprek lacht hij voor het eerst, waardoor zijn gezicht oplicht. Zijn vreugde is des te opvallender als je bedenkt welke vernederingen en ellende hem als opgroeiende jongeman in een ondergrondse gevangenis ten deel vielen.

Zijn verhaal is het langste in dit boek, maar ik vraag je om elk woord ervan te lezen. Wanneer je afdwaalt, lees dan gerust iets voor de tweede keer. Hij verdient het dat zijn verhaal wordt gehoord en ik weet dat het jou net zo zal inspireren en uitdagen als het mij heeft gedaan.
Sommigen betalen een hoge prijs voor het volgen van Jezus. Adonay was pas een tiener toen hij die prijs betaalde.

Ik was twaalf toen ik in Jezus ging geloven. Mijn vriend had me mee naar zijn huis genomen. Zijn ouders leidden me tot Jezus en hadden een grote invloed op me. Maar mijn ouders keerden zich onmiddellijk tegen me. Ze hadden te horen gekregen dat ze gestraft zouden worden als ik Jezus niet de rug toekeerde. Ze zeiden vaak: 'We hoeven je niet,' of: 'Waarom ga je niet weg?' Ze zetten me zwaar onder druk. Twee jaar heb ik zo geleefd, tot het op een dag nog veel erger werd.
Toen ik een tiener was, trouwde één van mijn broeders en was er een bruiloft in onze kerk. Er waren echter spionnen van de regering aanwezig in onze kerk. Tijdens de viering kwamen er veiligheidstroepen binnen en werden we allemaal meegenomen naar de gevangenis. De soldaten zeiden dat andere kerken wel goed waren, maar dat de onze niet door de regering werd erkend. Volgens de leer van onze kerk moet je opnieuw geboren worden. Dus onze hele kerkelijke familie ging het gevangenistraject in. Ze namen ons mee naar een bergstreek die 'Forto' heet. Een voormalige kazerne daar was nu een ondergrondse gevangenis in de bergen. Omdat ik nog een kind was, haalden ze me daar weg en brachten me naar een andere gevangenis.
In die gevangenis werd ik 's nachts door bewakers meegenomen om ondervraagd te worden. 'Wie heeft je tot dit geloof bekeerd? Kun je ermee stoppen? Kun je Jezus achter je laten?' Toen ik mijn geloof niet losliet, sloegen ze me, terwijl alle anderen sliepen. Ze probeerden me zover te krijgen dat ik Jezus verliet. Ze zeiden: 'Als

je het christendom loslaat, mag je nu weg en kun je weer naar school.'
Na 27 dagen brachten ze me terug naar de Forto-gevangenis. Tijdens mijn afwezigheid hadden ze in een andere stad een groot aantal christelijke gezinnen gearresteerd. Veiligheidssoldaten waren van deur tot deur gegaan om christenen uit hun huizen en van school te halen. Ze hadden zo'n zestig gelovigen naar de Forto-gevangenis gebracht. Er waren moeders met kinderen, zwangere vrouwen en oudere mensen van zestig jaar en ouder. Er waren ook veel tieners bij. Ze stopten ons allemaal bij elkaar in een cel.
Op een dag kwam er 's morgens vroeg een grote legertruck aanrijden. De bewakers begonnen onze namen af te roepen. Wanneer je naam genoemd werd, moest je die truck in. We waren met veertig mensen: dertien vrouwen en zevenentwintig mannen. Toen iedereen was ingestapt, reden ze weg. Het was nog vroeg in de ochtend, maar we namen geen hoofdwegen. We kwamen niet in de buurt van de stad. We reden eromheen, zodat niemand ons zag.
We reden in noordoostelijke richting naar een bergachtig gebied en kwamen uiteindelijk bij een militaire gevangenis. Het is er bergachtig, maar nog steeds laag gelegen, een woestijn, dus het is er heel warm. In de gevangenis zaten misdadigers en veel politieke gevangenen. Alle gelovigen zaten in een klein gedeelte in het midden. 'Christenen' waren een speciaal soort gevangenen. Andere gevangenen, zelfs misdadigers, werden gezien als trouw aan de regering. Zij zaten in cellen van 1 meter 20 in het vierkant en kregen regelmatig te eten. Wij niet.
Het was niet best wanneer je als christen werd aangemerkt. Ze gaven ons twee keer per dag twee stukken brood en een kommetje waterige soep die linzen zou bevatten. Het had geen smaak en geen voedingswaarde. Meer kregen we niet te eten, dag in dag uit. Het was heel warm en vies in de gevangenis, maar we mochten

ons maar één keer per week wassen. Dat betekende dat we het de hele tijd warm hadden, vies waren en onder de beestjes zaten. Veel mensen hadden jeuk. Als je krabde, kreeg je een pijnlijke huidziekte, die we 'hakakin' noemden.
Het hoofd van de gevangenis was een luitenant-kolonel die Wedi Gile heette. Toen we daar een week waren, riep hij alle christenen bij elkaar om ons toe te spreken. Hij zei dat onze kerk door de Amerikaanse overheid was gesticht en door Amerika werd betaald. Hij hield een lange toespraak. Hij zei dingen als: 'Dat weet je misschien niet, maar jullie leiders weten het wel. Jullie zijn misleid door je leiders, dus je kunt je geloof beter opgeven.'
De bewakers stonden klaar met geschreven verklaringen die we alleen maar hoefden te ondertekenen, als blijk dat we ons geloof afzwoeren. Jonge mensen die de verklaring ondertekenden, zouden hun schoolopleiding mogen afmaken. Dit leidde tot verdeeldheid in onze groep. Slechts een paar mensen bleven hun geloof trouw.
De luitenant-kolonel vroeg aan een tiener: 'Aan welke kant sta jij? Bij welke gemeenschap hoor je?' Hij zei: 'Ik hoor bij de gemeenschap van Jezus.' Dat was dapper van hem. De luitenant-kolonel werd heel boos. Hij vroeg het nog een keer en de tiener gaf hetzelfde antwoord. De luitenant-kolonel zei: 'Maak me niet boos' en toen gromde hij. Ten slotte zei hij: 'Ik vraag het nog één keer. Bij welke gemeenschap hoor je?' De tiener zei: 'Ik ben christen!' De luitenant-kolonel gaf hem een klap. Toen schreeuwde hij: 'Neem hem mee!'
De bewakers bonden de tiener vast in helikopterhouding. Ze martelden hem om een voorbeeld te stellen. We werden allemaal bang toen we dat zagen. We wisten niet wat we daarna moesten zeggen, omdat we hadden gezien wat er met ons kon gebeuren.
Hij koos een meisje uit. Hij zei: 'Ga staan! Bij welke gemeenschap hoor je? Bij welke kerk hoor je?' Ze zat in een pinkstergemeente. Ze was bang, maar zei eerlijk: 'Ik hoor bij het Christian Life Centre.' Dat gaf ons moed.

De luitenant-kolonel bleef de groep opdelen, op basis van de kerk waarvan mensen lid waren. Nadat hij ons verdeeld had, bestond het groepje dat het geloof trouw was gebleven uit vijf vrouwen en elf mannen. Twee waren er onder de achttien jaar, maar een was boven de zestig. Alles bij elkaar waren we met z'n zestienen.
In de gevangenis bestond een hiërarchie. Als je er een tijdje zat, kon je enig gezag, respect of verantwoordelijkheid krijgen, of zelfs een beter vertrek. Maar zover kwamen wij nooit. Wij kregen geen enkel privilege.
Na een maand zat ik helemaal onder de hakakin huidziekte. Het zat op mijn handen, mijn geslachtsdelen, mijn hoofd en ik kon niet eens een soeplepel vasthouden. Ik kon geen broek dragen, daarom had ik een doek omgeslagen. Ik kon niet plassen, ik kon me niet wassen en ik kon niet eten. Ik had verschrikkelijke hoofdpijn. De andere gelovigen hielpen me overal mee. Twee weken lang kreeg ik geen enkel medicijn van de bewakers. Uiteindelijk beseften ze dat ik dood kon gaan, en toen brachten ze me naar een ziekenhuis. Daar kreeg ik medicijnen en heb ik een paar dagen geslapen.
Ik was nog maar een kind, dus het gevangenispersoneel dacht dat de oudere gelovigen mij ervan weerhielden om mijn geloof op te geven. Ze wilden me afzonderen van de ouderen, wat betekende dat ik geen gelovigen om me heen zou hebben. Ik moest bij de ongelovigen zitten, want ze dachten dat ik mijn geloof dan wel zou vergeten. Zodra ik was verhuisd, werd ik door de bewakers apart gehouden, zelfs onder etenstijd. Ik kon geen enkele troost van mijn broeders ontvangen. Maar ik bleef geloven.
Er waren een paar baantjes in de gevangenis die vaak door gelovigen werden gedaan. Een daarvan was de wasserij en een ander was het bijhouden van een stukje bos, waar we hout hakten en sprokkelden. Na een poos mocht ik in de wasserij werken. De wasserij was vlak bij een groot ziekenhuis, dus ik kon me vrij bewegen tussen de plek waar we verbleven, de wasserij en het ziekenhuis. Dit bood ons meer mogelijkheden.

In het bos was de bewaking niet al te streng, dus soms kwamen er gelovigen uit de naburige stad die ons dingen toestopten, nadat we een bewaker hadden omgekocht. In de gevangenis kregen we niets, geen verzorgingsproducten, alleen een beetje eten. In het ziekenhuis zaten broeders om andere redenen gevangen, niet vanwege hun geloof. De gelovigen in mijn buurt schreven op wat ieder van ons nodig had: verzorgingsartikelen, eten, of zelfs geld. Ik fungeerde als postbode en bracht onze brieven naar de broeders in het ziekenhuis. Zij gaven ze op hun beurt aan de broeders uit de naburige stad, die ons hielpen.
Op een keer was ik het papiertje kwijtgeraakt! We waren allemaal heel bang, want onze namen stonden erop, en wat we nodig hadden. De bewakers vonden het papiertje. Ze sloegen ons, keer op keer. Ze sloegen heel hard. Zelfs de bewakers die zich hadden laten omkopen werden gestraft, omdat ze met ons hadden samengewerkt. Nadat ze ons van de ochtend tot de avond hadden geslagen, bonden ze ons vast in de helikopterhouding en lieten ze ons zonder eten een dag in de woestijn liggen. De bewakers die zich hadden laten omkopen lieten ze vastgebonden buiten liggen, zelfs nadat wij weer naar binnen waren gebracht.
Door dit alles beseften we dat er iets niet klopte. De regering was bang dat mensen van buiten contact hadden met de gevangenen, want daardoor zouden mensen erachter komen wat er in de gevangenis gebeurde. Daardoor kregen we de indruk dat we in een geheime gevangenis zaten en dat de leiding dingen verborgen wilde houden.
Op een dag besloten de bewakers dat ik op het land moest werken. Alleen ik. Ze namen me elke dag mee en ik werkte de hele dag, ongeveer twaalf uur. Als ik terugkwam, was iedereen al in slaap. Daardoor had ik opnieuw weinig contact met andere gelovigen. Dit ging maandenlang zo door.
Er was een toilet op het gevangenisterrein, maar die werd door niemand gebruikt. We gingen gewoon de woestijn in. De meisjes

gingen wat verder en de bewakers gingen niet met hen mee. Broeders uit de naburige stad hadden zich daar verstopt en gaven de meisjes spullen voor de gelovigen. In de gevangenis kregen we niets. Maar zelfs nadat we hardhandig waren aangepakt, kwam er nog hulp van buiten.

Toen ik op het land werkte, gaf ik nog steeds berichten door aan de buitenwereld. Uiteindelijk kreeg de leiding door dat mensen in de woestijn contact hadden met de meisjes, waarna de bewaking werd opgeschroefd. Ze begonnen de meisjes te volgen.

Het akkerland lag in de buurt van een dorp. Op een dag kwam ik een man tegen die deed of hij alleen maar langsliep, maar hij zei: 'Ken jij...?' en hij noemde de naam van een meisje. Ik vertrouwde het niet meteen en negeerde hem, maar hij noemde haar naam nog een keer, dus ik zei: 'Ja, ze is een zuster van me.'

Hij had me voor een gelovige aangezien, dus toen ik 'zuster' zei, in de betekenis van 'zuster in het geloof,' omhelsde hij me en gaf me wat christelijke lectuur. Maar terwijl we met elkaar spraken, zag een soldaat ons. Hij zei: 'Adonay! Kom hier!'

Ik had altijd briefjes en handgeschreven papieren in mijn zakken, maar die verstopte ik op verschillende plaatsen in de grond. Op die manier had ik niets in mijn zakken wanneer ik werd gefouilleerd of ondervraagd. Dit keer wilde de soldaat weten: 'Waar was je?' Een paar dagen eerder had ik ook al een alibi verzonnen, dus nu vertelde ik hem dat er een kraam in de buurt was waar ik zeep had gekocht. 'Kijk, dit is de zeep!' zei ik.

Maar hij zei: 'We hebben informatie! Spreek de waarheid! Je hebt iemand ontmoet en met de meisjes gepraat!'

'Ik ben nergens geweest!' zei ik. 'Ik heb niets gedaan! Ik ben alleen naar de kraam geweest!'

Toch besloten ze mij een lesje te leren. Dit was voor hen een kans om me te breken en te dwingen mijn geloof vaarwel te zeggen. Die dag werd ik volgens de almaz-methode gemarteld. In de gevangenis was dat de wreedste methode. Er stond een hoge, houten

paal en daarvoor lag een baksteen waarop ik moest gaan staan. Van de bovenkant van de paal hing een touw omlaag. Soms bonden ze je vast bij je ellebogen, maar deze keer bonden ze mijn handen bij elkaar boven mijn hoofd. Toen schopten ze de steen onder me vandaan. Mijn hele lichaamsgewicht hing aan mijn handen, maar ik kon nog net met mijn tenen de grond aanraken. Ik schreeuwde het uit van de pijn.
'Vertel ons de waarheid!' riepen ze.
'Ik heb niks gedaan!' bleef ik zeggen.
Nadat ze me hadden gestraft, brachten ze me naar de luitenant-kolonel. Hij zei: 'Vertel me de waarheid! Doe niet van die domme dingen. We hebben je betrapt!'
Ze verdachten een soldaat ervan dat hij mij spullen had gegeven. Daarom bonden ze zijn handen bij elkaar en brachten hem binnen. Ze vroegen hem: 'Ken je deze jongen?' Maar allebei zwoeren we elkaar niet te kennen. Daarna dachten ze dat ze zich misschien hadden vergist en begonnen ze me te geloven.
Maar toen kwamen ze opnieuw met het gebruikelijke onderwerp: 'Ben je al van je geloof afgestapt?' En: 'Snap je niet dat je zult sterven voor die onzin, alleen voor die gemeenschap, die kerk?'
Ik zei: 'Ik zit niet in de gevangenis voor de gemeenschap. Ik zit gevangen voor Jezus!'
'Je zult hier sterven voor je geloof!' riepen ze. 'Die kerk van jou is onzin! Daar zit je voor in de gevangenis!'
Uiteindelijk zei de luitenant-kolonel: 'Zegt de Bijbel daar iets over?'
Ik zei: 'Ja! In het boek Matteüs, hoofdstuk tien, staat: "Jullie zullen omwille van Mij worden voorgeleid aan gouverneurs en koningen."' Deze woorden van Jezus gingen zomaar, vlak voor zijn ogen, in vervulling.
De luitenant-kolonel spotte met me. 'Goed, we zullen zien of jouw Jezus je kan redden,' zei hij. 'Neem hem mee en bind hem vast!'
Daarop bonden ze me vast volgens de helikoptermethode. Nadat

ik zo een dag gelegen had, brachten ze me terug naar mijn cel. Kort daarna was er vervolging in een gebied dat elfhonderd kilometer bij ons vandaan lag. Gelovigen werden helemaal daarvandaan naar onze gevangenis gebracht. Maandenlang zaten we dicht op elkaar gepakt in dezelfde ruimte. Er waren jaren voorbijgegaan, maar ik was nog steeds een tiener in die tijd. De hele tijd konden de andere gevangenen zich vrij bewegen binnen de gevangenismuren. Maar voor ons, de gelovigen, deden ze de deur alleen open als we mochten eten of naar de wc moesten. Toen ik achttien was, mochten enkelen van ons eindelijk die gevangenis uit. De gelovigen die er nog maar kort waren, moesten blijven. Maar mij en een aantal anderen namen ze mee naar een plek die door de Italianen was gebouwd in de tijd dat Eritrea nog een kolonie was. De ondergrondse ruimte waarin wij zaten, was eigenlijk een waterreservoir, maar ze hadden er een gevangenis van gemaakt. Er stroomden twee rivieren naar de gevangenis, maar het regent daar nooit. Het is er heet en er staat geen wind. Je kunt er buiten een kaars aansteken zonder dat hij uitwaait. Ook is het er gevaarlijk.

Meteen kregen we te horen dat we ofwel ons geloof konden afzweren en het leger in konden, ofwel in de gevangenis moesten blijven. Het was dus eigenlijk geen keus.

Voordat ze ons naar beneden brachten, haalden ze vier mensen uit onze groep. Ze bonden hen vast in de helikopterhouding. De grond was heet en rotsachtig en nadat ze hen hadden vastgebonden, moesten ze op de grond gaan liggen en werden ze geslagen. Nadat ze een pak slaag hadden gehad, zeiden drie van hen: 'Goed, we doen het.' Zij werden naar een militair opleidingskamp gestuurd. Er bleef er maar één over. Hij had een rugblessure en ging naar het ziekenhuis.

Na drie dagen moesten we de ondergrondse gevangenis in. Daar was het verschrikkelijk. Als je het zou zien, zou je ervan walgen. Een aantal medegelovigen zat er al. De leiding drong erop aan dat

we ons geloof afzwoeren en in dienst gingen. Ze namen ons elke avond in tweetallen apart om ons te mishandelen. Vijf soldaten sloegen één wedergeboren christen!
Eén voor één zeiden de broeders: 'Oké, we houden het niet meer uit.' Maar ze mochten niet naar huis! Vrijheid zat er niet in! Ze zwoeren hun geloof alleen af om naar het leger te worden gestuurd, wat in ons land net zoiets als een gevangenis is.
Ik had geen schoenen toen ik naar deze nieuwe gevangenis ging. Als er nieuwkomers waren, namen ze ons elke middag mee naar buiten om ons 'militaire straf' te geven, wat betekende dat we op de hete grond moesten lopen. Het was bloedheet en rotsachtig. Eerst begonnen mijn voeten op te zwellen, waardoor ik hinkend liep. Daarna gingen mijn voeten stuk en begonnen ze te bloeden. Ten slotte werden mijn voeten hard en kon ik weer lopen.
Na een maand marcheren dachten we dat we wel genoeg straf hadden gehad. Maar telkens wanneer er nieuwe gelovigen in de gevangenis aankwamen, begonnen ze hier opnieuw mee. Elke keer opnieuw.
Inmiddels was ik niet bang meer voor de soldaten. Ze zagen wel dat ik stug aan mijn geloof vasthield. Ik was niet meer de eerste die een pak slaag kreeg, want ik was taai. Ze wilden niet dat anderen door mijn kracht geïnspireerd werden. Dus wanneer ze ons geloof eruit wilden slaan, begonnen ze eerst bij anderen.
Op een dag, nadat ze me geslagen hadden, zeiden ze: 'We doen het nog een keer.' Dus ze begonnen me te slaan. Maar toen besloten ze om eerst de meisjes af te ranselen. Ze begonnen met twee zusters in het geloof: Ayana en Rahwa. Die dag overleed Ayana aan de gevolgen van de mishandeling. Toen ze dood was, werden we niet meer geslagen door de bewakers, maar de volgende middag gingen ze gewoon weer verder.
Later werd de leiding bang vanwege de situatie met de overleden zuster, en werden we aan het werk gezet. Ik moest in de moestuin werken. Op dat moment had ik al maandenlang geen schoenen

meer en ik heb een maand op blote voeten in die tuin gewerkt. Na bijna een jaar in die gevangenis, kreeg ik de kans om te ontsnappen. Ik kon naar een stad in de buurt vluchten, waar ik gelovigen kende die me zouden helpen. Daar ben ik ruim een jaar gebleven. Daarna kon ik het land uit vluchten.
Toen ik de gevangenis verliet, waren er nog maar twee gelovigen over. De anderen hadden hun geloof afgezworen en waren het leger ingegaan. Maar één van de broeders die met mij in de gevangenis zat is ook ontsnapt en het land uit gevlucht. Hij is nu een Bijbelleraar. Hij en ik dienen Jezus tot op de dag van vandaag.

Wanneer we Adonays verhaal lezen, kunnen we gemakkelijk onder de indruk raken van zijn geloof. Hij moet wel een superchristen zijn om zo te kunnen standhouden, terwijl zoveel anderen hun geloof vaarwel zegden. Het meest verbazende is echter dat Adonay zichzelf een 'gewone' gelovige vindt: iemand als jij en ik. Hij is geen superheilige. Hij is net zo'n mens als wij. Hij is alleen in een situatie beland waarin hij de ware kracht van zijn geloof kon ervaren.
Nik Ripken (niet zijn echte naam) heeft zich toegelegd op het belichten van de liefde van Jezus op plaatsen waar vervolging heerst. Hij doet verslag van de moed en het geloof van christenen die in allerlei landen worden vervolgd. In zijn boek *Het dwaze van God* vertelt hij over zijn ontmoeting met een vervolgde voorganger in Rusland. Nik was overweldigd door de verhalen die hij hoorde en vroeg zich af waarom er geen boeken en films waren gemaakt over hun heldhaftige daden. Het antwoord van de voorganger was zowel duidelijk als confronterend:

'Jij hebt toch een paar zoons, Nik? Hoe vaak heb je ze 's morgens meegenomen naar zo'n raam als dit en gezegd: "Jongens, kijk goed. Vandaag zien jullie de zon in het oosten opkomen."?'

'Eh, nog nooit,' zei ik. 'Mijn zoons zouden me voor gek verklaren. De zon komt altijd op in het oosten!' (...)
Ik wist niet waar hij op doelde. Tot hij zei: 'Daarom maken we ook geen boeken of films van de verhalen die je gehoord hebt. Vervolging is voor ons net als de zon die in het oosten opkomt. We weten niet beter. Vervolging vanwege ons geloof is een normaal onderdeel van ons leven.'
Ik was sprakeloos.

Ook ik was sprakeloos, want wat deze Russische voorganger en vele anderen meemaken, lijkt lichtjaren van ons verwijderd te zijn.
Ik geloof dat we als volgelingen van Christus de Heilige Geest in ons hebben. Ik geloof dat als wij in Adonays schoenen stonden, misschien niet iedereen maar meer mensen dan we denken hetzelfde zouden doen als Adonay, namelijk: Jezus niet verloochenen. Ik denk dat een christen door de kracht van Jezus in staat zal zijn een dergelijke situatie het hoofd te bieden. Als we ons echt op de weg van discipelschap bevinden, als we echt gered zijn, denk ik dat we een bijzondere genade ontvangen om op momenten zoals die waarin Adonay terechtkwam op Jezus te vertrouwen en Hem trouw te blijven.
En toch: laten we eerlijk zijn.
Velen van ons hier in het Westen verloochenen Jezus *wel*.
We verloochenen wat we over Jezus geloven wanneer we anderen niet over Hem vertellen. De vraag is: waarom verloochenen we Hem?
Ons christelijk geloof zal altijd onevenwichtig zijn als het lijden om Christus' wil geen realiteit voor ons is. Al tweeduizend jaar lang krijgen christenen zelf te maken met vervolging of kennen zij mensen in hun omgeving die omwille van hun geloof worden vervolgd.
Dat wij het soms moeilijk vinden om vrijmoedig voor ons

geloof uit te komen, komt omdat wij nooit de kracht van God hebben ervaren die onze vervolgde broeders en zusters wel hebben ervaren.
We zullen nooit werkelijk leren wat het betekent om een discipel van Jezus Christus te zijn als wij niet worden vervolgd, niet bidden voor of met degenen die worden vervolgd of met hen meeleven.
Ons geloof bestaat niet zonder lijden – Christus Zelf heeft geleden en wij zijn geroepen om als Hem te zijn. Zo is het al tweeduizend jaar. Dus zonder dat deel van het verhaal – van onze eigen verhalen – is ons geloof onvolledig.
We moeten dichter bij de vervolgde kerk gaan staan.

8

IK ZAL NIET VREZEN, WANT IK WEET DAT HIJ ME ALTIJD BIJSTAAT

Al gaat mijn weg door een donker dal, ik vrees geen gevaar, want U bent bij mij, Uw stok en Uw staf, zij geven mij moed. U nodigt mij aan tafel voor het oog van de vijand, U zalft mijn hoofd met olie, mijn beker vloeit over.

Psalm 23:4-5

Het verhaal dat je in dit hoofdstuk leest is uniek. Bijna elk verhaal dat ik van getuigen of langs een andere weg over Boko Haram heb gehoord, gaat over hun bestorming van een christelijk dorp, waarbij ze oudere jongens en mannen vermoorden en vrouwen en kinderen ofwel achterlaten, of, wat vaker gebeurt, als gevangenen en seksslavinnen meevoeren. Reuters verklaarde bijvoorbeeld: 'Cecilia Abel (een bevrijde gevangene) vertelde dat haar man en oudste zoon voor haar ogen waren vermoord, waarna de milities haar en haar overige acht kinderen het bos in dreven.'

Er zijn talloze verhalen als dat van Cecilia, als het over Boko Haram gaat. De gruwelijkheden die door Boko Haram worden begaan krijgen heel weinig media-aandacht, maar zijn vergelijkbaar met die van IS in Syrië. Het enige verschil is dat Boko Haram al veel langer bezig is en zich bijna uitsluitend op christenen richt, terwijl de moordlust van IS zich ook tot andere religieuze gemeenschappen in Irak en Syrië uitstrekt.

Onze wereld laat Boko Haram nog altijd zijn barbaarse gang gaan en dat is een schande. Maar dat God sterker is dan angst kunnen we juist ook zien aan de broeders en zusters die te maken krijgen met Boko Haram.

▸ NIGERIA

Isaac

Met een glimlach loopt Isaac langs een drukke straat. Hij is in de dertig en ziet eruit als een gewone, maar zeer opgewekte man. Door de riempjes van zijn sandalen heen zie je de littekens op zijn voeten en hij loopt mank en onvast. Hij gaat zitten, bestelt een kop koffie en begint enthousiast aan zijn verhaal. Al gauw merk je dat hij al blij is dat hij nog leeft.

Het begon allemaal toen hij op de fiets door een vrachtwagen werd aangereden. Dat ongeluk is de oorzaak van zijn mank lopen. Hij werd in een kliniek behandeld en daarna voor therapie naar een ziekenhuis in het noordoosten gestuurd. Daar begonnen zijn problemen pas echt, want dat is het territorium van Boko Haram. Met Pasen liet het ziekenhuis hem gaan om het feest in een aangrenzend dorp te vieren, maar op de terugweg werden hij en een andere gelovige gevangengenomen.

Slechts weinig mannen overleven de door haat gedreven pogroms van Boko Haram, dat erop gebrand is om christenen uit te roeien en de shariawet in te voeren. Niet-islamitische vrouwen worden soms nog wel gevangengenomen. Niet-islamitische mannen worden afgemaakt. Toch lieten de militanten Isaac en zijn vriend – *maandenlang* – in leven. De twee werden gedwongen om te zien en horen hoe de bloeddorstige Boko Haram-strijders hun moorden pleegden. Om onbekende redenen raakten de soldaten hen geen van beiden met een vinger aan.

Sinds zijn ontsnapping heeft Isaac zijn vader nog steeds niet gezien. Zijn moeder is gestorven en zijn broers en zussen leven her en der verspreid. Isaac is de jongste. Ondanks dat hij niet bij zijn familie is, krabbelt hij weer overeind. Hij loopt ergens stage en het gaat goed. Hij heeft het loonstrookje bij zich als bewijs daarvan. Isaac is een vrij man. Hij volgt zijn droom en is God dankbaar. Dankbaar voor het leven.

Nadat ik een ernstig ongeluk had gekregen, werd ik in het ziekenhuis behandeld en toen voor therapie naar het noorden gestuurd. Daar hoorde ik over Boko Haram, hoe ze moordend rondgingen, dorpen verwoestten en eigendommen vernielden. In het ziekenhuis zag ik hoe slachtoffers van Boko Haram naar het mortuarium werden gebracht.
Met Pasen ging ik naar een naburig dorp om samen met andere kerkgangers het feest te vieren. Na de viering reisde ik met vijf vrienden terug. Vrij snel kwamen we bij een wegblokkade van Boko Haram. We konden onmogelijk ontsnappen. Ze zagen ons al voordat wij hen zagen en waren in het bezit van wapens.
Ze moesten mij hebben, want ik liep op krukken. Ze zeiden: 'Ga op de grond liggen!' Toen moest ik hen het bos in volgen, waar zich nog veel meer leden van Boko Haram hadden verstopt. Toen ik bij het voertuig vandaan liep, probeerden mijn vrienden te vluchten. Eén van hen viel toen hij wegrende. Een strijder zette een geweer tegen zijn hoofd en bond zijn handen bij elkaar. Mijn andere vrienden ontsnapten en vluchtten het bos in.
Toen hield Boko Haram een ander voertuig tegen waar ongeveer zes leden van de Canooli-stam in zaten. 'Zijn jullie moslims of christenen?' zei één van de gewapende mannen. Ze zeiden dat ze moslims waren. De extremisten vroegen uit welk dorp ze kwamen en wilden toen geld hebben 'om het werk van Allah te doen'.
De leider vroeg me of ik christen of moslim was en ik vertelde hem dat ik christen was. Hij zei: 'Je bent geen gelovige!' Met 'gelovige'

bedoelde hij moslim. Hij zei: 'Je bent een ongelovige!' Hij zei dat de mannen me zouden afslachten omdat ik een ongelovige was. De jihadisten pakten alles af: mijn geld, dingen die in mijn portemonnee zaten, mijn identiteitsbewijzen. Toen deden ze hetzelfde bij de andere mannen. Ze zeiden dat ze de moslims zouden vrijlaten, maar wie dat niet was ging eraan. Ze zeiden dat ze me gingen vermoorden. Ik moest weer opstaan en achter hen aanlopen. We liepen naar de hoofdweg terwijl ze een wapen tegen mijn hoofd drukten. Ik merkte dat de Geest van God tegen me zei dat ze me zouden doden, dus ik begon ter plekke te bidden. 'God, vergeef me mijn zonden...'

Eén van de strijders draaide zich om en schreeuwde: 'Wat zeg je daar?' Ik zei: 'Ik bid dat God mijn zonden vergeeft.' Hij zei: 'Hoe ken jij Allah?' Ik zei: 'Ik weet dat God jou en mij geschapen heeft.' Iedereen lachte. De man zei: 'Kan de ongelovige echt Allah kennen?' Toen loste hij drie schoten om me te intimideren en te laten zien dat het een echt geweer was.

'Sta op,' zeiden ze tegen de gelovige die nog op de grond lag. We moesten allebei in onze auto stappen. Ze namen mij en de andere man mee naar een ander dorp in het bos, waar ze hun motorfietsen hadden. Ze begonnen elk van ons te ondervragen. Ze vroegen of ik een beveiliger of een soldaat was. Ze praatten met elkaar over mijn beenblessure. Ik zei dat het van een fietsongeluk kwam, maar volgens hen was het beslist door een oorlog of een of ander gevecht gekomen.

Boko Haram stopte mijn Bijbel, mijn gebedenboeken – alles wat ik bij me had – in een tas. Ze zeiden dat ze alles zouden verbranden, maar later gaven ze me een paar spullen terug. Ze zeiden dat ik boeken over de islam en een paar van hun profeten zou moeten schrijven. Als ik dat deed, zouden ze me terugbrengen naar waar ik vandaan kwam.

We hoorden geweerschoten, waarna de mannen ons weer in de auto zetten. Ik weet niet wat er met de Canooli-moslims is

gebeurd. Onze auto ging naar een ander dorp. Boko Haram kwam juichend dichterbij en riep: 'We hebben mensen om af te slachten!' Mijn vriend en ik baden alleen maar in stilte.
Later werden er een paar Boko Haram-leiders bijgehaald die beter Engels spraken. Die mannen ondervroegen ons. Ze dachten dat we misschien familie of kennissen hadden die losgeld voor ons konden betalen. Maar mijn vriend zei dat hij niemand had die geld kon geven. Ze vroegen of ik iemand had die geld kon sturen.
'Ik kom net uit het ziekenhuis,' zei ik. 'Ik ben alleen, zonder familie. Ik heb niemand die me helpt.'
'Je hoeft niet terug naar het ziekenhuis,' zeiden ze. 'Daar word je niet beter van. Je kunt beter bij ons blijven. Wij kunnen je helpen met je probleem.' Daarna bleven we een paar dagen bij hen, maar ze zorgden natuurlijk niet voor ons, afgezien van af en toe wat eten. In dat dorp zeiden ze dat ze ons zouden laten gaan. We moesten de Koran bestuderen en andere boeken lezen, maar ze zeiden dat ze ons niet zouden dwingen van geloof te veranderen. Na drie dagen dacht ik: we zijn nog niet vermoord. Dat bemoedigde mij. Een paar dagen later waren we onderweg en zag ik dat we in de buurt waren van het dorp waar we vandaan kwamen. Ik merkte dat Boko Haram dacht dat we zouden proberen te ontsnappen, en daarom brachten ze ons naar een ander kamp dat daar heel ver vandaan in een dicht woud lag. We hadden geen idee waar we waren.
We bleven een poos in dat kamp en daarna verplaatsten ze ons naar een ander kamp. We baden uit alle macht. We smeekten de strijders om ons te laten gaan. Ze zeiden dat ze dat niet konden, omdat hun leiders er niet bij waren. Zodra die er waren, konden ze ons laten gaan. Ik wist natuurlijk dat dit een leugen was. Ze brachten ons naar weer een ander kamp en toen weer terug naar het eerste. Inmiddels hadden we al maanden in gevangenschap doorgebracht. We vroegen telkens of ze ons vrij wilden laten, maar ze zeiden dat ze dat zonder hun leiders niet konden.

Op een bepaald moment had mijn vriend moed verzameld om te vragen of hij ooit zijn gezin zou terugzien. Ze zeiden dat ze hem zouden laten gaan, maar mij niet. Toen zeiden ze dat ze me naar het Sambisawoud zouden brengen en dat ik één van de ontvoerde Chibok-meisjes mocht uitkiezen om mee te trouwen!
Opnieuw beloofden ze mijn vriend dat ze hem zouden laten gaan, maar er gebeurde niets. De strijders vroegen of hij op de een of andere manier zijn vrouw kon bereiken, maar hij zei van niet. Ze zeiden dat ze hem niet lieten gaan als zijn vrouw niet naar het kamp kwam. Toen beseften we dat ze ons geen van beiden zouden laten gaan en begonnen we over ontsnappen na te denken.
Intussen waren er maanden verstreken. Soms gaven ze ons eten, andere keren niet. We leefden in een hut die onder een boom was gemaakt, net zoals Fulani-herders. Die hut lag verborgen, dus een vliegtuig kon ons niet zomaar zien.
Ze brachten ook anderen die ze hadden ontvoerd. Er waren ook moslims bij, want we zagen hun papieren. Zij werden ondervraagd en we merkten dat het echt moslims waren. Na een paar dagen zeiden die mensen dat ze naar hun gezinnen wilden, maar in plaats daarvan werden ze allemaal door onze ontvoerders in het bos vermoord. Vaak doen mensen alsof ze moslim zijn om zichzelf tegen de jihadisten te beschermen. Op de een of andere manier hadden de strijders bepaald dat ze toch geen 'echte moslims' waren.
Nadat we dat hadden gezien, durfden we niet meer te vragen of ze ons wilden laten gaan, want misschien zouden ze ons ook vermoorden. Er gingen weer twee maanden voorbij en we bleven bidden. De regentijd was nog niet aangebroken, maar ik dacht: wanneer het regent, is het gemakkelijker om te ontsnappen, want dan zien ze onze sporen niet. Maar ik liep natuurlijk op krukken, waardoor ik langzaam was. Als we zouden ontsnappen, konden we gemakkelijk in een andere val van Boko Haram lopen en opnieuw gevangengenomen worden.

Op een dag brachten ze twee nieuwe gevangenen het kamp in. Ze lieten de ene gevangene gaan, maar de andere bonden ze aan handen en voeten vast. Ze beweerden dat hij geheime informatie over het Nigeriaanse leger en de politie had en eisten dat hij die prijsgaf. Hij was een burger en moslim, maar op de een of andere manier wist Boko Haram zeker dat hij over belangrijke informatie beschikte. Toen lieten ze ons naar het bos komen en moesten we toekijken hoe de man door hen werd vermoord. Ze onthoofdden hem.

Na die moord werden we echt bang. Wat ze ons ook opdroegen, we deden het en hielden onze mond. Elke dag waren we bang om te sterven. Mijn vriend besloot dat we drie dagen moesten bidden en vasten. 'Misschien raakt God hun hart aan,' zei hij. Nadat we hadden gevast en gebeden, kwamen hun leiders nog steeds niet langs en werden we niet vrijgelaten.

Er gingen maanden voorbij. We konden nog steeds niet ontsnappen omdat er te veel bewaking was, dus wachtten we. Mijn vriend was bang om een ontsnappingspoging te wagen. Uiteindelijk, na negen maanden, zei ik: 'We weten niet of ze ons op een dag zomaar vermoorden! We kunnen beter gewoon vertrekken.'

We baden en vastten opnieuw, deze keer vijf dagen. We baden dat God het zou laten regenen. Het regende de hele middag non-stop. Die avond besloten we dat dit de dag was waarop we zouden ontsnappen. We hadden wat papier uit boeken gescheurd, schreven ons adres erop en gegevens over waar we vandaan kwamen en wie onze familie was. Deze papiertjes stopten we in onze zak, zodat men ons kon identificeren als we gedood zouden worden.

Die avond vielen de bewakers met hun wapens in slaap. Ik maakte mijn vriend wakker en we gingen naar buiten. We bedachten dat ze onze voetafdrukken zouden zien, daarom liepen we een stuk, draaiden ons om en gingen via een andere weg het bos in.

We bleven door het bos lopen. Toen het licht werd en we de hele tijd hadden gelopen, dachten we dat we ver genoeg waren. Maar toen hoorden we hun ochtendgebed. We beseften dat we de hele nacht alleen maar een rondje hadden gelopen! We waren nog steeds in de buurt van hun kamp. We verstopten ons ter plekke in het bos en sliepen een tijdje. Toen we wakker werden, zagen we slangen, maar we waren niet bang. We dachten dat ze ons wellicht zouden beschermen en baden dat God de slangen bij ons vandaan hield. We dachten niet meer aan de slangen en sliepen verder.

Het werd weer nacht en we begonnen door het bos te lopen. We hadden geen eten en dronken regenwater. Drie dagen lang wisten we niet waar we waren. We wilden geen dorpen binnenlopen, want we wisten dat Boko Haram in dit gebied zat en wilden niet opnieuw opgepakt worden.

Op de vierde dag kregen we echt honger. Ik was nog steeds geblesseerd en dat was vermoeiend. Vaak hoorden we Fulani-herders in de verte, dus ik stelde voor om hen op te zoeken en om eten te vragen. Maar mijn vriend wilde dat niet, want de herders konden ons bij Boko Haram aangeven. Daarom liepen we verder.

Later die dag zagen we een man bij een dorp in het bos. Hij wilde op een fiets passeren. We hadden lange baarden omdat we ons maandenlang niet hadden geschoren. Hij was bang voor ons, maar we besloten hem toch aan te spreken. Hij sprak onze taal niet, dus we vroegen in gebarentaal om eten en water. Dat bracht hij ons. We vroegen hem de weg naar de hoofdweg om naar een grotere stad te gaan.

Hij wees in een bepaalde richting en gaf aan dat het heel ver was en we er niet in één dag konden komen. Op de vijfde dag begonnen we weer te lopen.

Een keer zagen we mensen bij de hoofdweg. Die mensen zagen ons ook en dat we lange baarden hadden. Ze schreeuwden naar anderen: 'Daar komen twee Boko Harams aan!' Ze bedoelden ons en we dachten dat ze beveiligers zouden waarschuwen. Maar ze hielden ons alleen maar in de gaten, dus we liepen heel snel door. Uiteindelijk hielp een andere man ons om de snelweg te bereiken die we zochten. Daarna kwamen we bij een ander dorp. We besloten om ons eerst te scheren, zodat ze niet zouden denken dat we van Boko Haram waren. We vonden wat spullen en knapten onszelf op.

Daarna gingen we het dorp in en gaven mensen ons water. Zo wisten we dat ze ons niet voor Boko Haram-leden aanzagen. We gingen langs de weg op het gras zitten, in de hoop Nigeriaanse veiligheidsagenten te zien. We zagen er een aantal die naar de plek gingen waar de mensen waren die ons water hadden gegeven, dus we liepen erheen. Toen we dichterbij kwamen, zeiden die mensen dat ze ons eerder hadden ontmoet. De soldaten en veiligheidsagenten trokken allemaal hun wapens. Ze gingen in een kring om ons heen staan, waarschijnlijk omdat ze dachten dat er nog strijders in het gras lagen.

Toen we bij hun leider kwamen, zei hij dat ze hun wapens konden laten zakken. We zeiden dat Boko Haram ons een jaar had vastgehouden. Ze gaven ons schone kleren en we mochten ons wassen. De agenten doorzochten onze kleren, onze zakken. Ze vonden mijn ziekenhuiskaart, mijn doopkaart en het adres dat ik had opgeschreven en in mijn zak had gestopt. Ze vonden zelfs een stuk papier waarop ik het verhaal van mijn ontvoering had geschreven. Ook mijn vriend had zijn verhaal opgeschreven en de kapitein las alles.

Nadat de kapitein alles had gelezen, brachten ze ons naar een ziekenhuis om behandeld te worden. We kregen medicijnen en werden verzorgd. Ik mocht de telefoon van een soldaat gebruiken en belde mijn broer. Ik zei: 'Ik ben het, Isaac!' Mijn broer zei: 'Wat?!' Ik zei: 'Ik ben het, Isaac!' Toen hing hij op, want hij geloofde niet dat ik nog leefde en was bang.

Ze gaven het telefoonnummer van de soldaat door aan mijn

oom. Mijn oom belde en ik zei weer: 'Ik ben het, Isaac!' Hij zei: 'Laat me met Isaac spreken!' Ik zei: 'Daar spreek je mee; ik ben Isaac.' Deze keer geloofde hij me. Mijn vriend belde zijn gezin en zij kwamen hem ophalen. Mijn oom kwam en tekende voor mij. Ik bracht drie dagen in het huis van mijn oom door. Daar kreeg ik van veel mensen bezoek. Maar al gauw raadde de beveiliging me aan om het gebied te verlaten. Er kwamen te veel mensen, en er kon ook iemand van Boko Haram tussen zitten. Het was beter als ik wegging.

De beveiliging bracht me naar het ziekenhuis en ik werd opnieuw geopereerd. Toen ik was hersteld, kon ik naar een handelsschool en nu loop ik stage. Ik mis mijn familie. Maar ik dank God dat Hij mijn gebeden heeft verhoord en mijn leven heeft gespaard.

Isaacs verhaal is niet alleen opmerkelijk omdat Boko Haram hem in leven liet, maar ook vanwege de moed die Isaac in hun aanwezigheid toonde. Als we in God geloven, zijn we moedig. Onze moed is bovennatuurlijk en komt voort uit het vertrouwen dat we in God hebben omdat Hij van ons houdt. In de Bijbel staat: 'De liefde laat geen ruimte voor angst' (1 Johannes 4:18).

Omdat Jezus ons liefheeft en wij anderen liefhebben, blijven christenen moedig, ondanks de beproevingen en problemen waarmee we in de wereld geconfronteerd kunnen worden. God is machtig genoeg om ons in de moeilijkste en zwaarste omstandigheden bij te staan. Hij herinnert ons eraan dat er meer is tussen hemel en aarde dan wat we voor ogen krijgen. Onze uiterlijke mens vergaat, maar onze innerlijke mens wordt van dag tot dag vernieuwd (zie 2 Korintiërs 4:16).

De tekst van 2 Korintiërs 4:18 heb ik in mijn leven al duizenden keer gebeden, zij het met wisselend geloof en soms de wanhoop nabij: 'Wij richten ons niet op de zichtbare dingen maar op de onzichtbare, want de zichtbare dingen zijn tijdelijk, de onzichtbare eeuwig.'

Het lezen van verhalen als dat van Isaac is zowel bemoedigend als een uitdaging, want het dwingt ons onszelf de vraag te stellen: waar zijn we precies bang voor?
Zijn we bang voor wat andere mensen van ons kunnen vinden, wat ze over ons kunnen zeggen of zelfs met ons kunnen *doen*?
Als christen erken ik dat geloof het tegenovergestelde van vrees is. Jezus zegt tegen Zijn discipelen: 'Wees niet bang voor hen die wel het lichaam maar niet de ziel kunnen doden' (Matteüs 10:28). Er is een kracht die sterker is dan onze angst.
Eén van de eerste dingen die wegvalt als onze band met Jezus sterker wordt, is onze angst. Vrees en geloof kunnen heel moeilijk, misschien zelfs onmogelijk, naast elkaar bestaan. Als we geloven wat de Bijbel over Jezus zegt, begrijpen we dat niets ons kan scheiden van de liefde van Christus.
De vervolgde kerk bewijst ons dat geloof sterker is dan angst. Als zij zo weinig vrees kennen, terwijl ze met zulke beproevingen worden geconfronteerd, hoe komt het dat wij ons dan zo door onze angsten aan banden laten leggen?
De apostel Paulus schrijft: 'God heeft ons niet een geest van lafhartigheid gegeven, maar een geest van kracht, liefde en bezonnenheid' (2 Timoteüs 1:7).
We hoeven niet bang te zijn. Gods Geest is *krachtig* – God geeft ons de kracht die we nodig hebben wanneer we naar Zijn wil handelen. Door die kracht kunnen we anderen liefhebben, ongeacht de risico's. Gods Geest drijft ons om naar anderen om te zien. En omdat we dat doen, doen we soms dingen die gevaarlijk zijn of ons iets kosten. Maar God geeft ons ook een geest van *bezonnenheid*, wat betekent dat we geen onverantwoorde risico's nemen. De risico's die we nemen zijn juist gebaseerd op de wetenschap dat God in ons en voor ons aan het werk is. We doen een beroep op al Zijn kracht. Zoals Paulus elders schrijft: 'Als God voor ons is, wie kan dan tegen ons zijn?' (Romeinen 8:31).

Of je nu wel of niet met vervolging te maken hebt, je weet vast wat het is om bang te zijn. Mogen je angsten altijd ondergeschikt zijn aan de kracht van Jezus' liefde. Zijn liefde is sterker dan je grootste angst, zelfs de angst voor de dood.

9

IK HEB NIET TEGEN DE MENS TE STRIJDEN

Trek de wapenrusting van God aan om stand te kunnen houden tegen de listen van de duivel. Onze strijd is niet gericht tegen mensen maar tegen hemelse vorsten, de heersers en de machthebbers van de duisternis, tegen de kwade geesten in de hemelsferen.

Efeziërs 6:11-12

In China zijn de door de overheid goedgekeurde kerken onderdeel van de Drie-Zelf Beweging, die een tak van de Communistische Partij is. Van die constructie kunnen drie belangrijke dingen gezegd worden:

1. De Drie-Zelf Beweging kent goede, onafhankelijke kerken.
2. In die kerken bevinden zich goede, individuele leden.
3. Het bestuur zelf is vaak fel gekant tegen het christelijk geloof.

Tot op de dag van vandaag hebben de huisgemeenten altijd het episch centrum gevormd van Gods machtige werk in China. Huisgemeenten wisten van tijd tot tijd uit de schaduw te treden, waarmee ze de 'bezorgdheid' van de overheid over zich afriepen.
Op dit moment is er een duidelijke toename in vervolging en arrestaties van Chinese christenen.

Zoals Gao in het onderstaande verhaal beschrijft: 'Er hangt zwarte rook boven het land China.' Hij gelooft dat de onderdrukking en vervolging door de communisten in feite een geestelijke aanval is. Maar ook al is er in China en op andere plaatsen sprake van een geestelijke aanval, toch mogen we beseffen dat we als christenen niet tegen vlees en bloed – andere *mensen* – strijden, maar tegen de overheden, tegen de machten, tegen de wereldbeheersers van de duisternis van dit tijdperk, tegen de kwade geesten in de hemelsferen (zie Efeziërs 6:12). We mogen niet haten wie we – naar Gods opdracht – behoren lief te hebben.

▸ CHINA

Gao

Een gedrongen man met een volle, zwarte haardos stapt uit de bus en glimlacht breed. Hij heeft een vriendelijke uitstraling en komt met toegestoken hand aanlopen. Hij is iemand die in de Chinese ondergrondse kerkbeweging veel voor elkaar krijgt en voldoet aan alle kenmerken van een succesvolle voorganger. In de afgelopen dertig jaar is Gao *48 keer* gearresteerd. Maar hij is nog altijd even dapper, onbevreesd, vrijmoedig en onbuigzaam. Hij heeft een juridisch netwerk opgezet om voorgangers van huisgemeenten bij te staan en heeft zelfs open brieven naar Chinese leiders gestuurd om hen op te roepen iets aan de vervolging van Chinese christenen te doen. Hij is een vechter en werkt hard.

Wanneer hij niet gevangen zit, *fietst* Gao, gewoon over straat, van gemeente naar gemeente om lectuur te verspreiden en gemeenteleiders op te leiden. Gao richt zich op jonge Chinezen. Hij heeft duizenden van hen tot Christus geleid. De laatste tijd onderhoudt hij ook contacten met het Westen, waar hij de media vraagt om de ernstige vervolging in China opnieuw onder de aandacht te brengen.

Ik heb vrienden buiten China die onze bediening steunen. Ik mag China niet verlaten en zij mogen er niet in, maar we zijn vrienden! Van de overheid mag ik bepaalde dingen niet doen. Er zijn beperkingen aan het aantal mensen dat naar onze samenkomst kan komen: nooit meer dan dertig. Ik mag ook geen buitenlanders ontvangen. Maar we blijven leiders vanuit heel China coachen. Elke leider die we toerusten heeft ongeveer honderd gemeenten onder zich, dus het werk in China groeit exponentieel.

We hebben een samenwerkingsverband van huisgemeenten in het leven geroepen om leiders toe te rusten, maar ook om vervolgde huisgemeenten bij te staan en voor hun recht op samenkomen op te komen. Iedereen die zich bij ons verband aansluit, wordt door de regering als misdadiger beschouwd. We hebben advocaten die hen bijstaan.

Ik ben 48 keer gearresteerd, maar nog nooit ergens voor veroordeeld. Mijn vrouw is dertig keer gearresteerd. Mijn privételefoons worden afgeluisterd en ik heb vijf telefoonnummers. De overheid probeert al mijn relaties te beïnvloeden. Ze bespioneren mij en mijn collega's en verspreiden geruchten. Ze hebben geprobeerd me te verleiden om over anderen kwaad te spreken, maar dat weiger ik. Ze sturen spionnen naar mijn gemeente, maar in feite kunnen ze niets doen. Ik heb kortgeleden de naam van mijn organisatie veranderd zodat de overheid mijn werk minder makkelijk kan traceren.

Dertig jaar geleden ben ik tot geloof gekomen. Ik kreeg een openbaring vanuit Psalm 38. Na mijn bekering merkte ik dat ik telkens wanneer ik rookte misselijk werd, dus daar ben ik mee gestopt. Vier dagen later was ik aan het gokken en werd ik weer misselijk. Daarom stopte ik met gokken. Vanaf dat moment vertelde ik iedereen die ik tegenkwam over Jezus.

In die tijd waren er juridische aanklachten tegen mij. Ik ging naar het 'Opperste Pleitbureau', dat een hof van beroep voor gewone mensen is, maar ik ben nooit in het gelijk gesteld. Toen besefte ik

dat er geen rechtvaardige ambtenaren zijn. Er hangt zwarte rook boven China. Het hele land is ermee bedekt. Er is hongersnood en rampspoed. Er woedt een geestelijke strijd in de Communistische Partij van China die ons belemmert ons leven te leiden.
Al dertig jaar zit ik in de problemen, dus ik heb nu veel ervaring in de omgang met de politie. De eerste keer werd ik gearresteerd omdat ik op een sportevenement van Jezus getuigde. Ik werd tot 185 dagen gevangenisstraf veroordeeld. Ik heb achttien dagen gevast, met mijn handen geboeid en mijn voeten geketend. Daarna vonden ze niets tegen me. Ze sloten mijn zaak en lieten me vrij met de mededeling dat ik onschuldig was.
Dat heeft me enorm gemotiveerd en geïnspireerd. Sindsdien heb ik ontdekt dat mijn geloof niet uit mezelf, maar uit de aanwezigheid van God komt. Een jaar na die vastenperiode vastte ik 41 dagen. Tien jaar later vastte en bad ik 120 dagen. Daarna begon ik aan een vier maanden durende fietstocht met maar zes yen op zak. Een paar jaar geleden kreeg ik een ernstig auto-ongeluk. Ik had mijn beide benen gebroken, maar was in slechts 23 dagen hersteld. Dit kwam allemaal door Gods aanwezigheid.
Twee jaar geleden ging ik naar Wenzhou, waar de overheid christelijke kruizen sloopte. Daar ben ik in drie dagen drie keer gearresteerd, maar telkens konden ze me nergens van beschuldigen. Dan lieten ze me na vele uren weer gaan. Telkens eiste de politie dat ik geen contact met de 'buitenwereld' opnam, waarmee ze Amerikanen of andere buitenlanders bedoelden.
De regering krijgt het benauwd door het groeiende aantal christenen. Ik heb tien jaar in Beijing gewoond, maar de politie heeft me verbannen. Een aantal gelovigen is ernstig vervolgd. In de provincie Guizhou is in 2005 een zuster aan mishandeling overleden. Ik heb haar familie geholpen bij hun aanklacht tegen de overheid om financiële compensatie te krijgen, maar dat is niet gelukt. Ook een andere zuster, in de provincie Shandong, is rond datzelfde jaar mishandeld tot de dood erop volgde. Tegenwoordig

is dat een uitzondering, hoewel het politiebeleid en het huidige, landelijke beleid dit soort moordpartijen zou moeten voorkomen. Tijdens de Olympische Spelen van 2008 werden mijn vrouw en ik 25 dagen vastgehouden en daarna onder huisarrest geplaatst. In dezelfde tijd werd mijn zoon mishandeld en raakte hij ernstig gewond. Ze hebben hem bijna blind geslagen. Jaren geleden ben ik ook vrij ernstig mishandeld, maar tegenwoordig wordt er minder geweld gebruikt.
God heeft ons christenen in China de grote opdracht gegeven om de Chinese kerken weer tot leven te wekken. Wat we op dit moment doen in onze organisatie is mensen in de kerken helpen om echte gelovigen te worden – mensen met een waarachtig geloof. Dát geloof komt van de aanwezigheid van God.

In de eerste jaren van een bediening die Promise Keepers heet, bracht oprichter Bill McCartney met deze inspirerende woorden stadions vol mannen bij elkaar:

> God zegt tegen ons: 'Mannen, jullie bevinden je in een oorlog, maar jullie *vechten* niet! We hebben ons teruggetrokken, maar we roepen de mannen van God in dit land – degenen die de Naam van Jezus Christus hooghouden – op om ten strijde te trekken. We bezitten goddelijke kracht om bolwerken neer te halen en binden de strijd aan met alles wat zich tegen de kennis van God opwerpt! We bestrijden alles wat de waarheid in de weg staat! We bestrijden alles wat zich tegen Jezus Christus verheft!

In het Westen kunnen we gemakkelijk vergeten dat we een geestelijke strijd te voeren hebben. We leven in een seculiere omgeving en de duivel laat zijn spierballen hier niet altijd rollen zoals hij elders in de wereld doet. Dat hoeft hij ook niet – we zijn al genoeg afgeleid van wat God doet. Maar als je ergens anders in de wereld kijkt, vooral op plaatsen waar hevige vervolging heerst, blijkt dat er meer tussen hemel en aarde is. Er wordt een echte, geestelijke strijd gevoerd.

De bewijzen van die strijd zijn overal aanwezig, niet alleen in China. Soms lijkt het een verloren strijd te zijn. We leven nu in een tijd in de geschiedenis waarin het christendom de meest vervolgde godsdienst ter wereld is en waarin christenhaat op veel plaatsen een dodelijke realiteit is. Volgens de meest voorzichtige schattingen is het nu in minstens zestig landen gevaarlijk om christen te zijn en enkele van die landen behoren qua inwonertal tot de grootste ter wereld.

Er zijn zeker 110 landen op deze planeet waarin christenen door burgers of de overheid worden mishandeld. Christenen worden door een zeer gevarieerde groep regimes en godsdiensten vervolgd:

- Atheïstische en communistische regeringen in China, Vietnam en Noord-Korea, om er een paar te noemen
- Hindoe-fundamentalisten in India
- Radicale boeddhisten in Sri Lanka
- Radicale moslims in het Midden-Oosten en Afrika, waarover ik uitgebreid heb geschreven in mijn boek *Defying ISIS: Preserving Christianity in the Place of Its Birth and in Your Own Backyard*

Natuurlijk zijn er ook veel atheïstische leiders, hindoes, boeddhisten en moslims die christenen met respect behandelen, maar de vervolging neemt toe. Ik geloof dat de kerk het beste is wat de wereld overkomt. Ze staat fysiek en geestelijk onder druk, maar is ook in opmars. En waar de kerk in opmars is, staat de vijand klaar om aan te vallen.

Dat is ook te verwachten. Het licht van het Evangelie ging *altijd* gepaard met de hitte en rook van vervolging. De apostel

Petrus zei dit tegen de gelovigen die onder vuur lagen: 'Geliefde broeders en zusters, wees niet verbaasd over de vuurproef die u ondergaat; er overkomt u niets uitzonderlijks' (1 Petrus 4:12). Maar ook in de hitte van de verdrukking moeten we dit voor ogen houden: in elke oorlog is er een kans op overwinning. En dan heb ik het niet over een jihad. Ik heb het niet over een kruistocht of het grijpen naar wereldse wapens. Ik bedoel geen godsdienstoorlog, maar een geestelijke oorlog. Ik heb het over de kracht van het Evangelie, dat geen wapens nodig heeft om haat te overwinnen. Ik heb het over de kracht die Jezus ons geeft om de bloeddorst van terroristen of de corruptie van communisten te bestrijden met de ontwapenende kracht van volharding en vergeving.

Dit zijn de echte wonderen: de keer-de-andere-wang-toe-wonderen. Er zijn nooit genoeg bommen en kogels in deze wereld om haat, terrorisme, door de overheid gesanctioneerde vervolging, gevangenneming en moord uit te roeien. Het enige wat deze haat werkelijk stopt, is een hartsverandering veroorzaakt door Jezus Christus.

Daarom is het zo belangrijk dat we – ongeacht de plaats of omstandigheden waarin we verkeren – onthouden dat we niet tegen vlees en bloed te strijden hebben. De vijand wil niets liever dan dat we op onze fysieke omstandigheden of onze vijanden gericht blijven. Maar de apostel Paulus beschrijft de toestand van ongelovigen zo: 'de ongelovigen, van wie de gedachten door de god van deze wereld zijn verblind, waardoor ze het licht van het Evangelie niet kunnen zien, de luister van Christus, die het beeld van God is' (2 Korintiërs 4:4). Voordat God *ons* redde, was onze situatie niet veel anders: 'U was dood door de misstappen en zonden waarmee u voorheen de weg ging van de god van deze wereld, de heerser over de machten in de lucht, de geest die nu werkzaam is in hen die God ongehoorzaam zijn' (Efeziërs 2:1-2).

We beseffen dat we – net als zij die christenen vervolgen – ooit vijanden van Christus en blind voor onze zonden waren. '(...) we vechten niet met aardse middelen. De wapens waarmee wij ten strijde trekken zijn niet de wapens van deze wereld; ze zijn zo krachtig dat ze bolwerken kunnen slechten voor God' (2 Korintiërs 10:3-4). We strijden niet tegen degenen die geestelijk blind zijn; we strijden tegen degene die hen verblindt: de duivel. De Bijbel geeft ons een duidelijk beeld van de manier waarop we de duivel moeten bestrijden. In Efeziërs 6 schrijft Paulus dat we ons moeten bekleden met 'de wapens van God': de gordel van de waarheid, het borstharnas van de gerechtigheid, voeten die geschoeid zijn met de inzet voor het Evangelie van de vrede, het schild van het geloof, de helm van de verlossing en het zwaard van de Geest (het Woord van God). De meeste onderdelen hiervan zijn defensief, waardoor we kunnen standhouden wanneer de vijand ons aanvalt, maar onze aanvalswapens zijn het Woord van God en gebed. Paulus schrijft: 'Laat u bij het bidden leiden door de Geest, iedere keer dat u bidt; blijf waakzaam en bid voortdurend voor alle heiligen' (Efeziërs 6:18). Onderschat nooit de kracht van gebed en het Woord van God. Soms, wanneer ik merk dat ik persoonlijk word aangevallen – wanneer ik in verleiding kom of afgeleid, bezorgd of teleurgesteld ben – gebruik ik een app op mijn telefoon om hardop uit de Bijbel te lezen. Ik kan je vertellen dat het gesproken Woord, zonder enige uitzondering, de aanval altijd heeft afgeslagen.

Wanneer christenen oog krijgen voor de situatie van hun vervolgde broeders en zusters in de wereld, vragen ze altijd: 'Wat kunnen we doen?' Er is heel veel wat we kunnen doen – achter in dit boek hebben we informatie daarover opgenomen – maar er is één ding dat we allemaal kunnen en moeten doen, en dat is bidden. We moeten waakzaam zijn – we moeten weten wat onze broeders en zusters in Christus doormaken en voor hen zorgen zoals we voor onze biologische familie zouden doen – en altijd blijven bidden voor alle heiligen.

Wanneer we beseffen dat we niet tegen vlees en bloed te strijden hebben, geeft dit ons – met de hulp van de Heilige Geest – de kracht om het volgende onderdeel van de martelaarseed in praktijk te brengen: om niet te haten wie we naar Gods opdracht moeten liefhebben.

Het geeft ons ook het wonderlijke vermogen om te vergeven wie tegen ons zondigen, zoals we in het volgende hoofdstuk zullen zien.

10

IK ZAL VERGEVEN

Vergeef, dan zal je vergeven worden.

Lucas 6:37

Ondanks alle pogingen door de eeuwen heen om de kernprincipes van het christelijke geloof in een kwaad daglicht te stellen, is het christendom in de kern nog altijd Jezus' boodschap van liefde voor alle mensen. Deze liefde uit zich in een vreugdevol leven en vastberadenheid, ook als dat een wrede dood tot gevolg kan hebben. Telkens weer weigeren christenen in Syrië, Libië, Nigeria en andere landen hun geloof af te zweren wanneer ze voor de keus worden gesteld om zich te bekeren of te sterven. Soms gebruiken ze hun laatste ademtocht om naar hun moordenaars vergeving uit te spreken.

Het vergeven van hun vijanden is iets wat deze dappere mannen en vrouwen hebben geleerd van wat Jezus zei aan het Romeinse kruishout. Hij gebruikte *Zijn* laatste ademtocht om te zeggen: 'Vader, vergeef hun, want ze weten niet wat ze doen' (Lucas 23:34). Zijn woorden zijn een voorbeeld voor hoe wij mogen reageren wanneer we vanwege Jezus met laster, belediging, bedreiging en fysiek geweld te maken krijgen, zoals we in de verhalen van Sandy en Daniel lezen.

‣ CHINA

Sandy

De grootouders van Sandy werden vanwege hun christelijke geloof omgebracht. Haar moeder leidde Sandy's vader tot Christus en trouwde toen met hem. Haar vader kwam uit een familie van toegewijde communisten. Toen haar ouders een bediening startten, werd haar opa van vaders kant furieus. Als lid van de communistische overheid had hij de macht om zijn eigen zoon te laten arresteren.

Andere overheidsfunctionarissen maakten misbruik van het feit dat zijn zoon christen was en veranderden zijn leven in een politieke nachtmerrie. Uiteindelijk werd Sandy's vader in de gevangenis vermoord voordat zij geboren werd.

De communistische opa spoorde toen haar moeder op en vermoordde haar ook. Zo werd Sandy net als haar moeder op jonge leeftijd wees doordat haar ouders de martelaarsdood stierven.

Sandy is stil en verlegen. Ze huilt nog steeds wanneer ze het verhaal van haar ouders vertelt. Dat is begrijpelijk. Als weeskind groeide ze hongerig en arm op bij mensen die haar slecht behandelden. Hoewel ze goed kon leren, werd ze op de universiteit gepest vanwege haar leeftijd en komaf. Door Gods genade vond ze de onvoorwaardelijke liefde die ze als kind nooit had gekend.

Ik ben een christen van de derde generatie... Toen mijn moeder een tiener was, werden haar ouders tijdens de revolutie gedood. Ze woonden in een klein dorp toen ze werden gearresteerd. Hun bezittingen en met de hand geschreven Bijbelteksten werden hun afgenomen. Toen werden ze vermoord. Mijn moeder was dus al op jonge leeftijd wees, maar ze had een rotsvast geloof in Jezus Christus.

Toen mijn vader mijn moeder ontmoette, geloofde hij niet in Jezus. Zijn familie had een militaire achtergrond. Zijn vader was een trouw lid van de Communistische Partij. Hij had in het leger gediend. Maar mijn vader had iets met boeken. Mijn moeder gaf hem een Bijbel te lezen. Toen hij erin ging lezen, voelde hij er zich gelijk toe aangetrokken. Hij was geboeid door de verhalen van Jezus en wilde in Hem geloven. Mijn vader bekeerde zich tot Christus.

Zijn vader bekleedde een hoge positie bij de overheid. Zijn collega's benijdden hem om zijn positie. Mijn grootouders konden mijn vader onmogelijk steunen in zijn geloof. Mijn vader was de oudste, maar hij had twee broers. Vanwege zijn geloof moest hij breken met zijn familie. Mijn opa kon niet accepteren dat mijn vader ongehoorzaam was en daarom zette hij zijn eigen zoon achter de tralies. Mijn moeder was op dat moment zwanger van mij.

De collega's van mijn opa maakten misbruik van de situatie. De zaak van mijn vader werd een politieke kwestie en mijn opa had er geen grip meer op. Al gauw kreeg hij spijt dat hij zijn zoon had opgesloten, maar hij had geen bevoegdheid om hem vrij te laten. Daarvoor had hij de toestemming van zijn collega's nodig. Er werd een comité opgericht om mijn vader te ondervragen en hem zover te krijgen dat hij mijn moeder verliet en zijn geloof afzwoer. Maar mijn vader werd in de gevangenis vermoord, puur omdat hij in Christus geloofde.

Ook al was mijn vader net gestorven, mijn opa probeerde mijn moeder nog steeds te dwingen van hem te scheiden en abortus te laten plegen. Abortussen werden vaak gedaan vanwege de eenkindpolitiek. En meisjes waren niet gewenst. Maar mijn moeder voelde zich geroepen tot de zending en wilde in andere steden gemeenten stichten. Ze vertrok en ging naar een klein district in de provincie Anhui. Daar ben ik geboren.

Een maand na de bevalling vertrouwde ze me toe aan een vrouw in haar dorp. Ze had het gevoel dat ze me voor mijn eigen veiligheid moest afstaan. Ze had een duidelijk zendingsdoel voor ogen. Toen mijn moeder weg was, stuurde mijn opa het leger naar die plaats om mijn moeder te zoeken. Mijn moeder wist dat mijn vader was vermoord, maar de ambtenaren die haar kwamen halen logen tegen haar en zeiden dat haar man nog leefde. Op de een of andere manier hebben ze mijn moeder gevonden. Ze werd vanwege haar geloof in Christus gedood, net als mijn vader. Ik kreeg een moeilijk leven. Ik werd opgevoed door een ouder echtpaar en mocht van hen niet in het hoofdgedeelte van het huis wonen, maar moest in de keuken bij hun hond slapen. Ik at heel weinig, had het vaak heel koud en had voortdurend honger. Om vier of vijf uur 's middags zag ik rook uit de schoorsteen komen van het huis waar ik woonde. Dan ging ik daar in de buurt staan, maar meestal kreeg ik geen eten, want hun gezin telde veel kinderen. Vaak ging ik naar de buren en als ik geluk had, kreeg ik daar iets te eten.

Ik ging naar de basisschool. Omdat ik intelligent was, sloeg ik een keer twee klassen over. Ik droomde ervan om een fabriek te openen waar voedsel werd geproduceerd, want ik groeide op in armoede. Op mijn veertiende ging ik naar het hoger onderwijs. Andere goede studenten kwamen uit welgestelde families, maar ik kwam daar natuurlijk met nagenoeg niets. Als het regende, had ik niet eens regenlaarzen en moest ik zakken om mijn voeten doen. Op mijn universiteit nam ik ook deel aan een programma voor begaafde kinderen, maar daar had ik het niet naar mijn zin. Uiteindelijk ging ik naar een andere universiteit. Toen ik daar kwam, werd ik vaak gepest omdat ik klein en arm was en meestal alleen geld had om brood te eten. Ze verpestten mijn brood om me te treiteren en daarom begon ik boos te worden op God. Ik raakte verbitterd. Mijn pleeggezin bleef slecht voor mij zorgen.

Toen ik groter werd, ging ik op bezoek bij mensen die in mijn moeders huisgemeente zaten. Die kerk was gesloopt, maar er kwamen nog steeds groepjes bij elkaar, allemaal dankzij de

evangelisatie-inspanningen van mijn moeder in die plaats. Er waren alleen nog oudere gemeenteleden. Ik weet dat mijn moeder het heel zwaar heeft gehad. Een aantal leden van haar gemeente weten wat er met haar gebeurd is, de anderen niet.
Mijn opa bleef heel koppig. Hij wilde nog steeds niet erkennen wat hij had gedaan. Hij bezocht me in 2010 en vertelde me dat mijn geloof puur bijgeloof is.
Later, in de huisgemeente, heb ik Anna ontmoet. Anna liet me zien wat liefde en mededogen is. Door de omgang met haar ging ik me beter voelen. Ik had een laag zelfbeeld, maar weet dat God mij voor de zending heeft geroepen.
In het begin probeerde Anna niet mijn moeder te zijn, maar twee jaar geleden mocht ik haar 'mam' noemen. Toen ik dat deed, begon Anna te huilen. Een paar maanden later las Anna in de Psalmen dat God de daklozen een thuis wil geven en daarna mocht ik bij haar en haar man inwonen.
Inmiddels zijn mijn grootouders overleden. Maar ik moet ze nog steeds vergeven voor het feit dat zij uiteindelijk verantwoordelijk waren voor de dood van mijn vader.
In mijn kerk wordt vaak gezegd dat het een eer is dat mijn ouders martelaren waren, maar bij mij roept het schaamte op. Ik was liever een gewoon kind geweest. Het doet nog steeds pijn. Soms voel ik me nog steeds verbitterd wanneer ik deze verhalen vertel. Maar liefde is de grootste genezingskracht. Ik woon nu een jaar bij Anna en weet dat Anna van me zal blijven houden. En het belangrijkste is dat we samen in de dienst van Jezus staan.

‣ NIGERIA

Daniël

Een lange, slanke Afrikaan loopt hinkend de hotellobby in, gaat op een stoel zitten en zet dan zijn krukken tegen de muur. Onder zijn broekspijpen is maar één voet te zien. Het andere

been ontbreekt volledig. Daniël is van middelbare leeftijd. Zijn ernstige gezicht wordt omlijst door een bos grijze haren, maar vertoont geen spoor van zorgen of bitterheid. Wanneer hij over de gruweldaden vertelt die hij heeft meegemaakt, spreekt hij zakelijk en zonder emotie. Maar wanneer hij het over Jezus heeft, wordt zijn stem warmer en begint hij te stralen. Hij komt over als een gastvrije man die anderen liefheeft zoals hij zelf door de liefde van God wordt omringd.
Zijn verhaal is verbijsterend. Hij heeft terroristen gezien. Boko Haram. Extremisten. Maar hij beweert dat zij het niet waren die het vuur op hem en zijn gezin hadden geopend. Nee, dat waren de soldaten die door de overheid waren aangewezen om mensen als Daniël te beschermen: het leger, dat had gezworen de wetten van het land te handhaven. Er hangt altijd een controverse om dit soort verhalen, maar het feit dat er zoveel verhalen zijn waarin hetzelfde wordt verteld, maakt ze geloofwaardig. Daniël is beslist niet de enige die beweert door 'vriendelijk' vuur getroffen te zijn. Ondertussen mist hij wel een been, zijn zijn broers vermoord, heeft hij een verlamde vader en moet hij leven met afschuwelijke herinneringen.

Ik had een vrachtwagen en werkte in de bouw. Mijn vrouw en ik hebben vier kinderen. Twee gaan er binnenkort naar de universiteit. Ons bedrijf lag aan een hoofdweg. Vlak bij onze garage had het Nigeriaanse leger een controlepost – een wegversperring – opgezet. Mijn vrouw kookte elke dag voor die soldaten. Op een dag zei één van de islamitische soldaten dat hij de opdracht had gekregen om mij te doden. Zijn meerderen hadden gezegd dat wij met de islamitische herders hadden gevochten. Maar de soldaten zeiden tegen de officieren: 'Dat hebben we niet gezien. Volgens ons hebben ze niemand lastiggevallen.'
Twee weken later was er een aanslag. Ze kwamen op een dinsdagochtend. We hoorden geweerschoten achter ons bedrijf. We

besloten te gaan kijken om te zien wat er gebeurde. Toen we naar buiten liepen, stonden er mensen voor mij en hoorden we schoten dichterbij komen. We dachten dat het Boko Haram was.
Ze openden het vuur op ons. Voor mij vielen twee mensen op de grond. Toen werd ik in mijn been geschoten. Ik probeerde me in een aangrenzende garage te verstoppen, maar ze vonden me. Toen schoten ze nog een keer, deze keer in mijn bovenbeen.
Toen herkende ik hun uniformen. Het waren soldaten, geen Boko Haram-strijders!
De soldaten lieten ons achter en begonnen toen op mensen in naburige huizen te schieten. Ze schoten een vrouw in haar huis dood. Ze schoten op een andere vrouw die een kindje op haar rug had. Het kind stierf. Ze sparen onze kinderen niet, want ze willen de volgende generatie christenen uitroeien.
Toen kwam er een militair konvooi met een machinegeweer op een pick-uptruck. Ze haalden de soldaten op en vertrokken. Er kwamen mensen uit de stad, die velen van ons naar het ziekenhuis brachten om behandeld te worden. Op die dag werden er vijf mensen begraven, waaronder twee van mijn eigen broers. Mijn vader zit nu verlamd in een rolstoel.
Iemand vroeg me: 'Wat zou je doen als je de soldaten tegenkwam die dit gedaan hebben?' Ik zei: 'Jezus zegt: als je niet vergeeft, word je zelf ook niet vergeven.' Daarom heb ik ze al vergeven.

Vergeving is een wonder – je kunt het niet anders zeggen. Het is werkelijk een wonder dat Sandy, die zich haar eigen ouders niet herinnert, haar grootouders wil vergeven dat ze hen vermoord hebben. Het is beslist een wonder dat Daniël degenen vergeeft die hem hadden moeten beschermen, maar in plaats daarvan invalide hebben gemaakt. Vergeving is een groter wonder dan het scheiden van de Rode Zee of de wonderbare spijziging. Het is ook al tweeduizend jaar het kenmerk van ons geloof.
Maar dat God ons oproept om degenen die tegen ons zondigen

te vergeven, betekent niet dat Hij de zonde en het kwaad passief tegemoet treedt. Al sinds het prille begin bestrijdt Hij de gevolgen van zonde in ons leven en in de wereld. Wat er slecht en gebroken is aan onze wereld is niet Gods schuld – het is de schuld van de mens, de zonde van de mens.
Wij mensen zijn degenen die er telkens weer voor kiezen om elkaar iets aan te doen. *Wij* zijn het die alle oorlogen op de aarde zijn begonnen. *Wij* hebben de wapens gemaakt die ons vernietigen. *Wij* hebben de economische systemen gecreëerd die de armen buiten spel zetten. *Wij* hebben toegestaan dat tirannie en eigenbelang onze politiek vergiftigen, zodat onschuldigen vervolgd, gemanipuleerd, ontheemd, bestolen en op sommige plaatsen gevangengezet of zelfs vermoord worden. *Wij* hebben talloze situaties gecreëerd waarin er van alles vergeven moet worden. God is Degene die ons hart verandert, zodat ook wij kunnen vergeven.
Dat gaat zeker op voor de christenvervolging in de wereld. Je zou vervolging kunnen zien als de meest persoonlijke aanval op Gods plan om de wereld lief te hebben en te zegenen. Vervolging is een zonde die kwetsbare christenen treft in landen waarin ze niet door godsdienstvrijheid worden beschermd en dus aan die vervolging ten prooi vallen. Dat gebeurt met een wreedheid die nauwelijks door enige boze kracht in de geschiedenis wordt overtroffen. De straten van de wereld kleuren rood met het bloed van christenen. De zonde is onverzadigbaar en hongert altijd naar meer.
Maar veel overtreders krijgen na hun van haatvervulde daden een boodschap te horen die hen de rest van hun leven achtervolgt: 'Ik vergeef je.'
In de hele wereld ondergaan christenen allerlei vormen van lijden, maar God vraagt hen hun vijanden te vergeven. En dat doen ze! Welk excuus hebben wij om onze vijanden niet te vergeven? Deze vergevingskwestie is nauw verweven met de

ondertitel van dit boek: '... om voor Jezus te leven, en voor Hem te sterven.'
Het is ook de kern van het Evangelie. Direct nadat Jezus Zijn discipelen leerde hoe ze moesten bidden, lichtte Hij één zin uit het Onze Vader nader toe: 'Want als jullie anderen hun misstappen vergeven, zal jullie hemelse Vader ook jullie vergeven. Maar als je anderen niet vergeeft, zal jullie Vader jullie je misstappen evenmin vergeven' (Matteüs 6:14,15).
Als mensen die door God vergeven zijn, *moeten* we anderen vergeven. We hebben geen andere keus.
Misschien is er niets wat zoveel over onze toewijding aan Jezus zegt als ons vermogen om anderen te vergeven. Als we niet kunnen vergeven, weten we niet ten volle wat de liefde en vergeving van Jezus inhouden (zie Lucas 7:36-50). Als we weigeren te vergeven, wijzen we ons geloof af. Als vergeving de kern van het Evangelie is, hoe kunnen we dan zeggen dat we door Gods kracht gered zijn en tegelijkertijd weigeren te vergeven?
Dit zijn geen gemakkelijke vragen, maar we leven dan ook niet in een gemakkelijke wereld. Er staat veel te veel op het spel om ze niet te stellen. Wie moet je vandaag vergeven?
Vergeving is geen gevoel; het is een keuze. We moeten ervoor *kiezen* om te vergeven. Besluiten om te vergeven voelt aanvankelijk misschien niet als vergeven en het kan tijd kosten. Maar wanneer we verklaren dat we iemand anders vergeven, zal de Heilige Geest ons in staat stellen om volledig en daadwerkelijk te vergeven. *Die* kracht kan de wereld veranderen en heeft die al veranderd.

11

IK ZAL ME KLEDEN IN ZACHTMOEDIGHEID

Het geknakte riet breekt Hij niet af, de kwijnende vlam zal Hij niet doven. Het recht zal Hij zuiver doen kennen.

Jesaja 42:3

Eén van de misvattingen die volgens mij over de vervolgde kerk bestaat, is dat deze zwak of machteloos zou zijn. De propaganda van vervolgers als IS doet ons dat graag geloven – dat het militante extremisme in opmars is en dat zwakke christenen die een wereldwijd kalifaat in de weg staan, worden vermoord. Maar de realiteit is precies andersom. Zoals de kerkvader Tertullianus lang geleden zei: 'Het bloed van de martelaren is het zaad van de kerk.' Met andere woorden, er kan niets tegen christenen worden gedaan om de groei van ons geloof tegen te houden. Vervolging leidt tot:

- verbreiding van het geloof, omdat christenen de liefde van Jezus laten zien.
- versterking van persoonlijk geloof, omdat vervolging het geloof op de proef stelt en verdiept.
- versterking van de kerk, omdat naamchristenen afvallen en alleen degenen die Christus toegewijd zijn overblijven.

Een protestantse hervormer zei ooit: 'De kerk is een aambeeld dat al heel wat hamers versleten heeft.' Geen gevangenis kan ons getuigenis tegenhouden. Geen censuur kan onze liefde het zwijgen opleggen. Geen haat kan onze vergeving overmeesteren.
Hoe werkt dat eigenlijk, dat christenen sterker worden wanneer ze vervolgd worden? Eén van de manieren is dat een toekijkende wereld de kracht van ons geloof als een bewijs van de kracht van God ziet. Mensen walgen van de daden van onze vervolgers en staan versteld van onze reactie. En ze zien in dat die kracht niet uit onszelf komt. Paulus schrijft: 'God (...) heeft in ons hart het licht doen schijnen (...) Maar wij zijn slechts een aarden pot voor deze schat; het moet duidelijk zijn dat onze overweldigende kracht niet van onszelf komt, maar van God' (2 Korintiërs 4:6-7). Weerstand tegen het Evangelie kan afbrokkelen wanneer we onze vervolgers liefhebben, wanneer we voor hen bidden en wanneer we hen zegenen in plaats vervloeken (zie Matteüs 5:43-47 en 1 Petrus 3:9).
De deugd die hieraan ten grondslag ligt, is zachtmoedigheid – zoals uit het verhaal van Mebrahtu blijkt.

▸ ERITREA

Mebrahtu

'We bleven kerkdiensten houden, want als je die niet hebt, heb je geen leven,' zei Mebrahtu toen hij zijn verhaal vertelde. Mebrahtu is een grijze, levenslustige man. Hij wil iemand zijn die de wereld verandert. Je gelooft nauwelijks wat hij heeft meegemaakt: vervolging, gevangenschap, marteling en ontsnapping. Maar Mebrahtu straalt een 'honger en dorst naar gerechtigheid' uit.
Hij zit in het café van een hotel en kijkt naar de mensen die om de beurt hun verhaal vertellen. Wanneer hij eindelijk aan zijn

eigen verhaal begint, klinkt hij ernstig, bescheiden en bijzonder intelligent. Hij neemt zijn geloof heel serieus en zijn verhaal bewijst dat.

Ik werd een wedergeboren christen en maakte deel uit van de Verlossingskerk van Eritrea. In die tijd was er nog geen vervolging door de overheid, alleen vervolging door de bevolking. De maatschappij noemde ons leugenaars en misleiders.
Een jaar later kwam ook de kerk in de problemen. Als eerste nam de regering ons kerkgebouw af. Ze deden alles dicht en maakten het ons onmogelijk om bij elkaar te komen. Militairen namen alles in beslag – onze boeken, Bijbels, meubels, alles. Ze pakten ook het geld van de kerk af. Daarna waren individuele gelovigen het doelwit.
De Eritrese regering zei tegen iedereen dat onze kerk door Amerika was gesticht. Ze verspreidden propaganda waarin ze hun haat voor het Westen, Amerika en het christendom ventileerden. De regering is fel gekant tegen niet-communistische invloeden en elke soort godsdienst of cultureel orgaan waar ze geen vat op hebben. Ze moeten niets hebben van de Amerikaanse regering. Die is hun zondebok.
Ons probleem was in eerste instantie dat de maatschappij tegen ons gekant was, dus toen de regering ons aanpakte, waren veel mensen blij. Sommige traditionele christenen waren fel tegen ons. In de tweede plaats had de regering een hekel aan ons. We zaten tussen twee vuren: de communistische regering en de maatschappij.
Vanaf dat moment waren we gedwongen om in huisgroepen van drie tot zes mensen bij elkaar te komen, want we wilden per se erediensten houden, hoe de situatie ook was. Eerst moesten we een christelijk gezin vinden waar we elkaar konden ontmoeten. Daarna moesten we heel voorzichtig zijn. We veranderden de data. De ene keer kwamen we op een woensdag bij elkaar, dan

weer op een andere dag. Ze hielden ons in de gaten. We konden niet altijd onopgemerkt blijven en soms werden we gearresteerd. De eerste keer dat ze ons arresteerden vertelden ze ons dat we dat niet meer mochten doen. Daarmee lieten ze ons gaan, omdat we nog jong waren. Later begonnen ze te eisen dat we van geloof veranderden. Als we dat deden, lieten ze ons gaan. Maar we konden God niet verloochenen, dus we konden het papier dat ze ons gaven niet ondertekenen. Dat was heel moeilijk voor ons, maar in het Woord van God staat dat we ook in moeilijke tijden op de Heer moeten vertrouwen.

De eerste keer dat ik door de overheid werd benaderd, zat ik op de middelbare school. Ik was nog een kind. Ik weet nog dat ik samen met een oudste-in-opleiding was. We aanbaden God op een geheime plek en ze betrapten ons. We zeiden dat we het niet meer zouden doen, maar we gingen ermee door op andere plaatsen.

Eritrea heeft een militaire dienstplicht. Iedereen moet tot zijn veertiende naar school, maar als je daarna verder wilt, moet je eerst naar een militair kamp. Dus dat deed ik. Als ik een opleiding wilde, had ik geen keus. In het leger moest je heel voorzichtig zijn. Je kon niet eens 'Gods zegen' tegen iemand zeggen. We waren heel, heel voorzichtig. We bleven kerkdiensten houden, want als je die niet hebt, heb je geen leven.

Het legerkamp bevond zich in de woestijn, met hangars en loodsen, maar zonder plek om je te verstoppen. Wanneer we naar de wc moesten, gingen we in tweetallen de woestijn in. Als christen ging je met een andere christen, want dan kon je samen bidden. We praatten over ons geloof, schreven een Bijbeltekst op en deelden die uit. Enkelen van ons hadden een Bijbel, maar die moesten we verstoppen. In gesprekken moesten we het doen met wat we in ons hoofd en ons hart hadden.

We pasten heel goed op hoe we iets deden, maar wisten dat we ons niet altijd konden verstoppen. Er zijn spionnen en die weten alles.

Op een dag werden we door de kampleiders gesnapt. Al voordat dit gebeurde, wisten ze dat ik een gelovige was. Ze grepen me en bonden mijn armen en benen achter mijn rug vast volgens de helikoptermethode. Dat doen ze bij iedereen. Het is heel gebruikelijk.
Om zeven uur 's avonds krijg je normaal gesproken eten en ga je naar bed. Maar ik moest alleen buiten blijven. Toen stuurden ze iemand naar me toe om me te wurgen. Er was een zandstorm opgestoken en daardoor ging degene die me wilde wurgen weg. Zelfs hij ging slapen. Ze lieten me alleen achter in de woestijn. Daar liepen hyena's en andere dieren rond. Toen begon ik de hoop te verliezen. De storm was heel zwaar voor mij. Het was middernacht. Ik begon te huilen en ik bad.
Ik zag een jeep rijden, maar het was helemaal donker. Ze konden me niet zien. De auto begon achteruit te rijden en kwam mijn kant op. Ik riep, maar kreeg weinig geluid uit mijn keel en de storm woedde nog steeds. Ze hadden hun portieren dicht vanwege het zand en ze hoorden me niet.
Toevallig zag een kolonel me door het zijraampje. Hij riep: 'Stop! Stop! Stop!' en rende naar me toe. Soms zaten er ook goede mensen tussen. Het zijn niet allemaal duivels. Het was van God. Ze gingen de man wakker maken die me had vastgebonden en vroegen: 'Waarom liet je hem daar achter?' Hij antwoordde: 'Omdat hij een pinkster is.' Zo noemden ze een pinksterchristen. Ze vonden het best en hij mocht verder slapen.
Die nacht was rampzalig voor me. Heel zwaar. Het was de eerste keer dat me zoiets was overkomen. Soms kan het je gewoon niet meer schelen wanneer je de ene na de andere ontbering voor je kiezen krijgt. Dan begonnen we te zingen en hielden we niet meer op. Toen kwamen ze ons halen en stopten ons in een zwaarbewaakte (zee)container, een afschuwelijke plaats. Daar kon het heel warm worden. Ze lieten ons er met z'n tienen een week in zitten.

Als we niet gevangenzaten, volgden we een militaire training, maar we werden vaak gestraft met stokslagen. In de helikopterhouding. Zo ging dat nu eenmaal.
We deden wat het Woord van God van ons vroeg en verrichtten elke taak die het leger ons opdroeg, en toch werden we telkens gevangengezet. We begonnen de hoop te verliezen.
Toen we naar de gevangenis gingen, zagen we mensen die daar jaren moesten zitten. De meesten van hen waren onschuldig. Er zaten Jehova's getuigen die daar tot wel tien jaar werden vastgehouden omdat ze hun verplichtingen naar de overheid niet waren nagekomen. Maar er zaten ook mensen die ernstige misdaden hadden gepleegd.
Het was er heel zwaar. Ze eisten dat we papieren ondertekenden waarin we ons geloof afzwoeren. Dan zetten ze ons de hele dag in de container. We mochten er alleen uit om onze behoeften te doen. Uiteindelijk werden we er drie maanden in opgesloten. Voor mij voelde dat als drie jaar.
Ik kwam voor een opleiding, maar in plaats daarvan kreeg ik dit. Mijn levensplan lag in duigen. Ik kwam naar het legerkamp om het juiste te doen, maar kreeg dit. Na al die ellende haalden ze ons uit die gevangenis en brachten ons terug naar het kamp. Maar omdat we onze militaire opleiding niet hadden afgemaakt, moesten we op de volgende ronde wachten. Dat kon een jaar duren.
Toen zetten ze ons aan het werk. Dat was pure slavernij. We waren de slaven van de overheid. We werkten een jaar lang op een heel grote akker. Na de oogst konden we terug naar de klas om onze opleiding af te maken.
Op een bepaald moment werd de onafhankelijkheid van Eritrea gevierd. Iedereen moest ernaartoe. Halverwege was er een schermutseling tussen een student en een politieman. Ze hadden gewoon die ene student moeten straffen, maar ze dachten dat hij iets tegen de overheid had gedaan. Tegen middernacht was

het programma afgelopen en brachten ze ons allemaal terug. Een paar uur later maakten ze alle studenten wakker. Ze namen ons mee naar buiten en we moesten lopen en nog eens lopen. Meestal gingen we één keer per week hout sprokkelen, dus we dachten dat we dat gingen doen. Maar we passeerden het bosgebied. Toen dachten we dat we misschien stenen gingen rapen, maar we passeerden ook het stenengebied. Het was aardedonker en we bleven lopen. Uiteindelijk kwamen we tegen de ochtend bij een groot, open terrein. Daar waren bergen, maar verder was het vlak. Er was geen boompje te zien. De zon kwam vroeg op, dus inmiddels was het licht geworden.

Toen vertelde de bataljonscommandant dat we gestraft zouden worden voor wat er de vorige avond was gebeurd. Hij zei: 'Jullie moeten vijf keer door het berggebied rennen! Als je iets zegt, zwaait er wat!'

Elke twee meter stond er een soldaat om ons in de gaten te houden. We waren heel moe, maar moesten hardlopen. De soldaten keken toe en schreeuwden naar ons. Als je de berg afrende, kon je gemakkelijk vallen. Sommigen vielen en braken hun been! Iedereen was radeloos. Ik rende en rende. Maar er was geen eten en geen water, daarom viel ik flauw. Een vriend droeg me tot ik weer kon rennen. We mochten niet stoppen. De soldaten stonden klaar om te schieten. We konden niet ontsnappen.

Toen de straf ten einde was, moesten de gewonde studenten teruggedragen worden. We zagen pick-ups en auto's van de overheid, dus we hoopten dat die ons allen mee zouden nemen. Maar de soldaten zeiden: 'Jullie moeten ze dragen!' Ze dwongen ons om de gewonden terug te dragen. Vierentwintig uur na ons vertrek uit het kamp waren we weer terug.

Uitgeput gingen we naar bed. Maar ze kwamen op de deuren slaan en zeiden: 'Naar buiten! Jullie krijgen opnieuw straf.' Deze straf heette 'Tsinae'. Dan moet je tweeënhalf uur rechtop in de zon staan zonder je te bewegen. Mensen begonnen om te vallen.

Ze vielen flauw. Ik ook. We hielden het niet uit.
Ook al vroeg ik om vergeving, toch werd ik boos op God. Mensen in het kamp vluchtten naar Soedan. In het begin zaten we met 120 mensen in een regiment, maar al gauw waren er nog maar tachtig over. Er hadden er veertig kunnen vluchten. Sommigen werden gepakt en voor ons tot voorbeeld gesteld.
Ik wilde niet naar een ander land. Ik wilde mijn opleiding afmaken, al was het nog zo ingewikkeld. Eindelijk had ik mijn militaire training afgerond en daarna maakte ik mijn opleiding af. Aan het eind krijg je twee weken om te studeren. Als je slaagt, mag je naar een vervolgopleiding. Als je zakt, moet je het leger in. Ik slaagde.
Ik ging naar een technische school, maar ook daar werden mensen om hun geloof vervolgd. Ik werd buitengesloten. Op een dag grepen de leiders me bij mijn keel omdat ik de Bijbel las, maar een dag later lieten ze me gaan. Ik hoefde niet naar de gevangenis. Vier maanden ging ik naar school. Ik kon naar de technische school, maar kon niet bidden of met anderen samenkomen zoals ik wilde. In de aanloop naar Onafhankelijkheidsdag waren er opnieuw allerlei festiviteiten. Er waren fundamentalistische moslims en toegewijde christenen onder ons die niet met het carnaval wilden meedoen. De moslims mochten wegblijven. Zij werden niet gedwongen aan het carnaval deel te nemen. Maar tweehonderd christelijke studenten werden allemaal in de gevangenis opgesloten. We zaten daar bijna twee maanden. We vroegen om clementie, maar ze wilden dat we papieren ondertekenden. Een aantal van de studenten waren nieuwe christenen en zij zetten uiteindelijk hun handtekening. Degenen die niet tekenden gingen naar de gevangenis, waar we bijna een jaar in hebben gezeten.
In die tijd kende ik een militair die bij de overheid kon pleiten voor mijn vrijlating. Ik weet dat God hem voor mij in die positie had gebracht. Hij was toen niet eens gelovig, maar inmiddels wel!

In mijn tweede schooljaar was ik erg voorzichtig. Ik ging naar een andere school en dacht dat het nu eindelijk de goede kant op zou gaan voor mij. Maar op de nieuwe school werden leerlingen door de overheid gehersenspoeld en vervolgens getraind om ons te bespioneren.
In het begin waren we vrij. Sommige groepen, zoals de Evangelisch Lutherse kerk en de Koptische kerk, waren zelfs door de overheid erkend. Maar de Pinkstergemeente was dat niet. Toen werd het moeilijk voor ons. Ze hielden ons in de gaten. We konden niet vrijuit bij elkaar komen en niet eens in groepjes van twee het programma volgen zoals we gewend waren. De regering was echter bang dat de grote kerken hen onder druk zouden zetten door aan de wereld te vertellen wat ze allemaal deden. Daarom hielden ze zich wat in.
Dankzij God kon ik thuis de Bijbel lezen, vooral wanneer ze sliepen. Ik zei dan gewoon dat ik studeerde.
Ik maakte mijn school af, maar mijn hoofdvak was mariene biologie, dus ik moest nog een ander examen afleggen om les te mogen geven. De overheid wilde dat ik leraar werd en ik werd in de buurt van de grens gestationeerd. Toen ik daar was, kon ik vluchten. Dat was moeilijk, maar ik was heel dankbaar.
De meeste andere studenten van mijn studiejaar hebben Eritrea ook verlaten. Mijn hele familie is tot geloof in Jezus gekomen. Nu ben ik klaar om God te dienen en anderen tot Hem te leiden. Dat is mijn verlangen en mijn vreugde.

Het oude gezegde dat zachtmoedigheid geen zwakte is, is zeker waar, vooral als je het over vervolgde christenen als Mebrahtu hebt. Onze vervolgde broeders en zusters zijn allesbehalve zwak en passief, maar treden hun vervolgers met zachtmoedigheid en vriendelijkheid tegemoet. Ze zaaien liefde waar haat bestaat. Wij zijn het niet gewend om echte zachtmoedigheid en vriendelijkheid te zien, dus die zien we gemakkelijk voor iets anders aan.

Maar vergis je niet. Het feit dat iemand zijn recht *kan* opeisen, betekent niet dat hij dat ook moet doen. Het feit dat er een uitweg uit een situatie is, betekent niet dat dit de beste keus is. Soms moet je juist ergens blijven, iemand de andere wang toekeren, iets *doorstaan*. Want als jij klappen opvangt, kun je daarmee soms anderen het leven redden. Zachtmoedigheid is bovennatuurlijk. Het is beheerste kracht. Hoewel vervolgers zich graag sterk voordoen, zijn zij eigenlijk de zwakkeren. Met hun getuigenis zijn onze lijdende broeders en zusters de sterken die over de haat van hun vervolgers triomferen.
Volgelingen van Christus kunnen niet zonder zachtmoedigheid. In de Bergrede zegt Jezus tegen Zijn discipelen: 'Gelukkig de zachtmoedigen, want zij zullen de aarde bezitten' (Matteüs 5:5). Jezus Zelf is daarin ons grote voorbeeld:

Laat onder u de gezindheid heersen die Christus Jezus had. Hij, die de gestalte van God had, maakte er geen aanspraak op aan God gelijk te zijn, maar deed afstand van Zijn positie en nam de gestalte aan van een dienaar. Hij werd gelijk aan de mensen, en als mens verschenen heeft Hij Zich vernederd en werd gehoorzaam tot in de dood – de dood aan het kruis.
Filippenzen 2:5-8

Jezus' zachtmoedigheid is onze redding, en wij behoren Zijn voorbeeld te volgen. Zoals we in Mebrahtu's verhaal zien, kan dit betekenen dat we ons omwille van Christus aan de gezagsdragers onderwerpen (zie Romeinen 13). Het kan ook betekenen dat we ons verzetten tegen een overheid die wil dat we ons bekeren of dat we deelnemen aan activiteiten die tegen onze christelijke overtuiging ingaan, terwijl we ons daarbij laten 'kennen als vriendelijke mensen' (Filippenzen 4:5).
In een samenleving die kracht en prestige op een voetstuk zet, kan het moeilijk zijn om zachtmoedig te zijn. Toch is dat wat

er van ons wordt gevraagd. Als zachtmoedigheid 'beheerste kracht' is, hoe laten we dat dan zien in onze cultuur zoals onze vervolgde broeders en zusters dat in hun cultuur doen?
Voor velen van ons betekent het dat we onze behoefte om te winnen of het laatste woord te hebben moeten opgeven. Sowieso danken we ons vermogen om zachtmoedig te zijn in de eerste plaats aan de zekerheid dat Jezus voor onze zonden heeft betaald. Door onze relatie met Jezus is de rest van ons leven gezekerd.
Met de psalmist zeggen we: 'Met de HEER aan mijn zijde heb ik niets te vrezen, wat kunnen mensen mij doen?' (Psalm 118:6). Als we echt geloven dat de Bijbel waar is, is het niet nodig dat de cultuur of de overheid dit bevestigt. Ja, er zijn altijd momenten waarop het nodig is om voor de waarheid op te staan. Die zullen er altijd blijven. Maar er zijn ook tijden dat we de Heilige Geest in alle zachtmoedigheid de ruimte geven Zijn werk te doen. Uiteindelijk is het niet onze missie om een culturele strijd te winnen. Het is onze missie om zielen met God te verzoenen.
Zachtmoedigheid vereist ook dat we ons dienstbaar opstellen en anderen hoger achten dan onszelf. Op de avond voor Zijn dood zei Jezus tegen Zijn discipelen: 'Want wie is belangrijker: degene die aanligt om te eten of degene die bedient? Is het niet degene die aanligt? Maar Ik ben in jullie midden als Iemand Die dient' (Lucas 22:27).
Wanneer we onszelf werkelijk in zachtmoedigheid kleden, is zelfbehoud niet langer ons voornaamste doel. Dan is ons doel dat mensen door ons voorbeeld Jezus leren kennen. Omdat zachtmoedigheid tegenwoordig, althans in het Westen, steeds zeldzamer lijkt te worden, zal ons getuigenis er alleen maar meer door opvallen.

12

MOGE HET GEZICHT VAN JEZUS IN MIJ WEERSPIEGELD ZIJN

Erken Christus als Heer en eer Hem met heel uw hart. Vraagt iemand u waarop de hoop die in u leeft gebaseerd is, wees dan steeds bereid om u te verantwoorden. Doe dat dan vooral zachtmoedig en met respect, houd uw geweten zuiver; dan zullen de mensen die zich honend uitlaten over uw goede levenswandel in eenheid met Christus, zich over hun laster schamen.

1 Petrus 3:15-16

Eén van de mooiste beloften uit de Bijbel ken je vast uit je hoofd: 'Wij weten dat voor wie God liefhebben, voor wie volgens Zijn voornemen geroepen zijn, alles bijdraagt aan het goede' (Romeinen 8:28). Met andere woorden: God kan elke situatie ten gunste van ons en voor Zijn heerlijkheid gebruiken. Elke situatie – zelfs de meest onwaarschijnlijke.

Ten aanzien van christenvervolging, vooral vervolging door moslimextremisten, kunnen we gemakkelijk een afschuwelijk verhaal schetsen:

- Moslimextremisten kunnen in hun thuislanden straffeloos christenen vermoorden, gevangenzetten en martelen.
- Onder het mom van 'religieuze zuivering' worden christenen uit het Midden-Oosten verdreven.

- De burgeroorlog in Syrië en de oorlog tegen IS in Syrië en Irak heeft tot een massale uittocht van potentiële terroristen naar het Westen geleid.
- Zij worden sterker; wij worden zwakker.
- Moslims staan klaar om – alleen al door hun geboortecijfer en met name in Europa – de overhand te krijgen.

Hoewel deze dingen tot op zekere hoogte waar zijn, moeten we ook beseffen dat deze zaken ook ongekende kansen voor Gods Koninkrijk bieden. *Op dit moment* werkt de Heilige Geest krachtig in dit deel van de wereld. Hij trekt mensen naar Zich toe en brengt hen in een positie waarin ze vrijwillig voor Hem kunnen kiezen. Het gevolg is een enorme groei van moslims die gaan neerknielen voor het kruis van Christus. In het licht van wat ik je ga vertellen, is het belangrijk dat je de gebeurtenissen *op een heel andere manier* bekijkt.
Als je bedenkt hoe wreed de vervolging is, kun je de eenvoudige waarheid van Johannes 3:16 – dat God van de wereld houdt en Zijn Zoon stuurde om deze te redden – gemakkelijk uit het oog verliezen. Maar God heeft de moslims en de moslimwereld niet afgeschreven. Hij houdt zelfs zielsveel van hen en Hij probeert hen via dromen en visioenen op een bovennatuurlijke manier te bereiken. Een vrouw met een moslimachtergrond zei tegen CBN: 'Als je de mensen in de kerk vraagt hoe ze Jezus hebben leren kennen, zal tachtig procent zeggen: "Ik heb Hem in een droom gezien."'
Onderzoeker en voormalig zendeling David Garrison zegt: 'We maken de grootste ommekeer van moslims in de geschiedenis mee.'
Omdat degenen die de islam voor het Evangelie verruilen zo hevig vervolgd worden, is deze opwekking niet direct *zichtbaar*, maar hij is wel degelijk *echt.*
De burgeroorlog in Syrië is ongetwijfeld een humanitaire

ramp en islamitische terreurgroepen als IS vertegenwoordigen beslist een groot kwaad. Maar het valt ook niet te betwijfelen dat de Geest van God in dit alles werkt om ontheemde mensen tot Zich te trekken.
In dit hoofdstuk lees je de verhalen van Mani en Aliya. Mani is in Syrië gebleven om onder de moslims daar te getuigen, ondanks allerlei kansen om te verhuizen en ondanks het risico dat hij en zijn gezin daar lopen. Aliya's verhaal laat zien hoe groot de aantrekkingskracht van Jezus' liefde voor onze moslimburen is. Beide verhalen tonen hoe belangrijk het is om het karakter van Jezus naar de mensen om ons heen uit te stralen.

▸ SYRIË

Mani

Ondanks dat voorganger Mani, zijn vrouw en hun twee zoons in een politiek en religieus steekspel verzeild zijn geraakt, hebben ze het dappere besluit genomen om in een zeer duistere regio een stralend licht te zijn. Mani heeft een gemiddelde lengte, krullend haar en een gedrongen lichaamsbouw. Hij legt uit: 'Ja, er gaat veel kapot en er zijn veel problemen. Maar aan de andere kant zie je dat veel mensen tot God komen en Jezus leren kennen.'
Als je in onroerend goed investeert, draait alles om locatie. De laatste plek waar je als weldenkende ouder een jong gezin wil stichten is in Syrië. Maar als je in het eeuwige Koninkrijk wilt investeren, is dit het gebied in de wereld waar de oogst overvloedig is en de arbeiders schaars. Hier is elke arbeider van levensbelang.
Voorgangers, zondagsschoolleraren, kerkmedewerkers en kerkleden – allemaal vluchten ze nog steeds uit Syrië vandaan. In 2015 berichtte de *New York Times*: 'Bijna een derde van de Syrische christenen, ongeveer 600.000 mensen, zag voor

zichzelf geen andere oplossing dan het land te ontvluchten omdat ze door extremistische groeperingen als het Al-Nusra Front en IS werden verdreven.'
Maar velen, zoals Mani en zijn vrouw, zijn ook gebleven. Ze bleven om één enkele reden: er is een ongelooflijke en historische ommekeer van moslims die Jezus gaan volgen. Mani's gezin – en velen met hen – geloven dat ze geroepen zijn om daarvan deel uit te maken. Ze zien hoe ontheemde moslims, die van families gescheiden werden die hen normaal gesproken onder druk zouden zetten om bij de islam te blijven, nu interesse tonen in de kerk en zich zelfs openlijk bekeren. Mani haalt een foto uit zijn zak en straalt als kersverse vader. Het is een vriendelijk lachend gezin in traditionele moslimkleding, de vrouw is van top tot teen bedekt. 'Ze kwamen tot geloof in Jezus en zijn gedoopt,' zegt hij. 'Zij is *in die kleren* gedoopt!'
Mani heeft verschillende uitnodigingen gekregen om naar Europa te emigreren. Thuis wacht hem vervolging, terreur, ontbering en voortdurende bedreiging. Hij is steeds alert op gevaar. Hij is niet blij met de buitenlandse hulp aan de militanten die hem bedreigen. Maar de humanitaire hulp waarmee zijn kerk honderden gezinnen in zijn gebied kan ondersteunen neemt hij gretig aan. Hij is één van de helden die samen met zijn gezin zijn nek uitsteekt, omdat hij ziet dat de velden 'wit om te oogsten' zijn. Zoals hij zijn er honderden in het Midden-Oosten.

Ons gezin stond onder grote druk. Financiële druk. Zorg over onze veiligheid. De grootste uitdaging was de beslissing om in Syrië te blijven of weg te gaan. Veel mensen hebben onze stad verlaten, de kerk verlaten, en zijn naar andere steden gegaan. Veel mensen zijn uit Syrië vertrokken. Het was gemakkelijker geweest om weg te gaan. Ik ken mensen in Europa die me hebben opgebeld en zeiden dat ze plek voor me hebben.

Bovendien is de situatie heel slecht, nu Jabhat Al-Nusra om de stad heen zwermt. [Jabhat Al-Nusra is een bondgenoot van Al Qaida.] Toen ik een keer naar huis ging, werden we onderweg beschoten. Ik had niet door dat er op ons geschoten was, maar toen we bij een controlepost van de regering kwamen, vroegen ze ernaar. Ik zei dat ik het niet gemerkt had. En zij zeiden: 'Je had het kunnen horen! Rij door! Snel!'
Jabhat Al-Nusra heeft ook mijn telefoonnummer. Ze hebben me een sms gestuurd dat ze me gaan vermoorden. Ik heb de overheid gevraagd mijn telefoonnummer te veranderen, maar dat wilden ze niet. Maar als ik weer een bericht krijg, kan ik dat telefoonnummer doorgeven en zullen ze het oplossen. Dus daar bid ik voor.
Maar Jabhat Al-Nusra weet heel veel over mij. Ze zouden me kunnen oppakken. Zo hebben we een keer een moslim gedoopt die tot Jezus was gekomen. Al-Nusra kent hem. Ze hebben zijn naam. Een andere keer gingen we naar huis en was er een wegblokkade, dus we besloten een andere route te nemen door een ander dorp. Onderweg ontmoetten we een man die ook met zijn gezin onderweg was. We reisden samen, omdat we wisten dat Jabhat Al-Nusra zich in die dorpen ophield.
We zetten de man in de ene auto en de vrouwen en kinderen in de andere. We besloten dat de auto met de mannen voorop zou rijden. Als onze auto dan werd aangehouden, zouden we proberen de vrouwen te bellen om te vertellen dat ze terug moesten gaan. Toen we ongeveer een kilometer hadden gereden, bedacht ik dat het toch beter was om de gezinnen bij elkaar te houden.
Daarom veranderden we het weer en ik zei dat mijn auto voorop zou rijden. De controlepost in de verte was anti-regering. Een Jabhat Al-Nusra-man droeg een masker. Je kon alleen zijn ogen zien. Ze hielden me tegen en hij richtte zijn geweer op mijn gezicht. Toen hij dat deed, begon mijn zoon te huilen. Toen de man zag dat mijn zoon niet ophield met huilen, zei hij: 'Dit is een gezin,

dus die hoeven we niet te controleren.' Zo konden we doorrijden. Toen kwam de andere auto bij de controlepost. Bij hen ging het net zo. Als we de mannen in één auto hadden gelaten, hadden we het waarschijnlijk niet overleefd. Ook is mijn identiteitskaart van het zuidelijke gebied, waar mensen wonen die de regering steunen. Deze controlepost was anti-regering. Omdat mijn ID-kaart van het zuidelijke gebied is, liep ik groot gevaar. En ik ben christen. Christenen worden gezien als pro-regering. Dus ik was om twee redenen een doelwit. Dit was een heel groot probleem. Een dubbel probleem.

Daarna besloot ik dat we dat gebied moesten verlaten... Mijn ouders bleven achter. Kort daarna nam Jabhat Al-Nusra hun streek over en begonnen ze problemen te veroorzaken. Jabhat Al-Nusra pakte mijn huissleutel van mijn ouders af. Ze wilden het huis voor zichzelf hebben. Er was een christelijk dorp in de buurt. Ze namen alle christenen hun huizen af. Nu wonen er grotendeels oudere mensen. Bijna geen jonge mensen, want die lopen het risico opgepakt te worden om losgeld te krijgen. Ze hebben al zo'n tachtig huizen in beslag genomen.

Er lagen nog ongeveer tien christelijke dorpen in de buurt. Die staan nu allemaal onder controle van Jabhat Al-Nusra. Een aantal kerken daar hebben ze in moskeeën veranderd. Omdat ik predikant ben, mag ik niet meer naar mijn eigen dorp. Mijn ouders kan ik niet bezoeken. Maar één keer per maand ga ik er toch heen. Ik kan er niet rechtstreeks heen, want dan kom ik Jabhat Al-Nusra tegen.

In het dorp waar we nu wonen zijn drie kerken: een evangelische, een katholieke en een orthodoxe kerk. Maar we kunnen ze niet openstellen. We kunnen geen klokken luiden. We mogen niet bidden. Nu bedien ik twee kerken in twee verschillende dorpen.

In het begin was dit allemaal moeilijk voor ons. De veiligheidssituatie is een groot probleem. Het is heel moeilijk om te besluiten of we wel of niet weg moeten. Mijn eigen ouders en mijn vrouw

hadden het er heel moeilijk mee. Maar uiteindelijk voelden we ons door God geleid om te blijven. Als we nu over problemen horen, merken we dat God bij ons is. Maar het is geen makkelijke keus. Aan het begin van elke maand hebben we een bidstond, waarna we hulp gaan verlenen. Er komen tussen de 100 en 150 mensen naar onze bijeenkomst. Veel mensen die komen, wisten niet dat we bidstonden hielden. Ze praten met ons via Facebook en sommigen vroegen zelfs of we het twee keer per maand kunnen doen! Dus nu gaan we het kerkgebouw repareren dat door de oorlog beschadigd is geraakt.
Veel mensen die bij ons komen zijn ontheemde gezinnen, dus we betonen hen liefde, luisteren naar hen, hebben begrip voor hun problemen en laten zien dat we met hen meeleven. Als ze weggaan, vragen we hun telefoonnummers zodat we contact met hen kunnen houden, met hen kunnen praten. Dit is heel belangrijk, omdat ze zien dat er mensen om hen geven en hun problemen willen aanhoren.
Onze kerk geeft hulp aan christelijke gezinnen in ons gebied, zowel evangelische als orthodoxe en katholieke. Als ze die hulp niet kregen, zouden er velen omkomen van de honger. We geven ook medische hulp. Als er iemand in het ziekenhuis ligt, helpen we die persoon en geven geld. Als ze terugkomen, houden ze contact met ons en bidden met ons. Al deze hulpactiviteiten worden door de mensen als belangrijk ervaren. We hebben mensen geld gegeven om een huis te huren of zich te kunnen verplaatsen.
Nu zit onze kerk vol! We hebben ook nog een kleine kerk in het andere dorp waar we komen. Daar komen tussen de 100 en 125 mensen, dus die zit ook vol.
Veel nieuwe gelovigen waren moslim. In het verleden was het heel moeilijk voor moslims om een kerk in te gaan, omdat ze bang waren voor elkaar. Nu zijn er zoveel ontheemde gezinnen, dat bekeerde moslims niet meer in de buurt van hun familie zijn. Wanneer ze van elkaar gescheiden zijn, komen ze gemakkelijker

tot geloof omdat er minder druk op hen wordt uitgeoefend. Daardoor gaan ze veel gemakkelijker een kerk in.
Dit hebben we in veel Syrische steden gezien. We zien het ook buiten Syrië. Er zijn heel veel moslims tot geloof in Jezus gekomen. Velen van hen lezen de Bijbel en ze verheugen zich.
Ja, er is verwoesting en er zijn allerlei problemen. Maar aan de andere kant zien we dat veel moslims zich tot God wenden en Jezus leren kennen.
Voor ex-moslims is het veel zwaarder dan voor christenen. Christenen worden minder vaak aangevallen. Ze worden vervolgd, maar niet zo vaak als iemand met een moslimachtergrond. Een moslim die christen wordt, wordt door zijn eigen familie aangevallen en vervolgd. In Syrië is er een verschil tussen echte christenen en naamchristenen. Mensen die alleen in naam christen waren en tot levend geloof komen, begrijpen al veel dingen. Ze kennen de Bijbel. Ze kennen de waarheid. Voor moslims is het veel moeilijker om tot geloof te komen. Ik ken een arts. Hij reisde naar Damascus, waar hij door een kerk geholpen werd. De kerk vroeg hem of hij Jezus wilde aanvaarden en nu gelooft hij. Hij is alles kwijtgeraakt wat hij had: zijn huis, zijn praktijk, alles...
In heel Syrië zijn veel christenen vertrokken. De meesten gingen naar Europa. De meeste medewerkers in onze kerk en andere kerken – zondagsschoolleraren, jeugdwerkers – hebben hun kerk verlaten en zijn uit Syrië vertrokken. Dit was een uitdaging voor ons en onze bediening.
Maar er zijn ook heel veel mensen naar ons toegekomen: moslims, druzen, christenen uit andere streken. Mensen uit allerlei sekten komen tot geloof in Jezus. Vanwege de problemen in ons land zijn ze op zoek naar troost. Daarom stellen ze vragen over Jezus en vragen ze zich af of Hij hen kan helpen.
De ontheemde mensen die vanuit een moslimachtergrond Jezus leren kennen, hebben wijsheid en genade nodig wanneer ze naar hun streek terugkeren, zodat ze Christus kunnen blijven dienen.

We vragen om hun Facebook-, Whatsapp- en andere gegevens. Als ze dan terugkomen naar Syrië, kunnen we hen blijven dienen in de kerk. Als deze oorlog voorbij is en ze naar Syrië terugkomen, kunnen we hen verder begeleiden. We willen voortzetten wat we begonnen zijn toen ze vertrokken.
Er zijn moeilijkheden, maar God heeft veel moslimfamilies van elkaar gescheiden zodat Hij de moslims kan redden. Veel christenen vluchten, maar we weten ook dat dit een geweldige kans is om mensen tot Christus te leiden.

▸ KENIA

Aliya

Aliya, die als moslim in Kenia opgroeide, sloeg vijftig – ja, letterlijk *vijftig* – huwelijksaanzoeken af om haar eigen koers te kunnen volgen. Dit maakte haar streng islamitische ouders boos. Maar toen het gezin naar Amerika verhuisde, wist Aliya dat ze eindelijk de kans kreeg om haar eigen dromen na te jagen. Toen ze op zichzelf woonde en naar Texas was verhuisd, klopten er een paar buren bij haar aan om haar voor de huisgroep van hun kerk uit te nodigen. Aliya was inmiddels getrouwd. Haar man was voor de druk van haar ouders gezwicht en had zich tot de islam bekeerd. Tot haar afgrijzen was hij een extremist geworden.
Haar buren keken verder dan haar geloof en afkomst en zagen haar als iemand die de liefde van Jezus nodig had. Ondanks dat het haar situatie niet eenvoudiger maakte, viel Aliya voor de liefde van Jezus. Gesterkt door hun nieuwe geloof komen Aliya en haar kinderen alle uitdagingen te boven en volgen ze Jezus.

Ik ben geboren in Kenia en mijn ouders zijn moslims. Mijn moeder is een Pakistaans-Afghaanse en mijn vader een Indiase Iraniër. In Afrika werd ik heel streng opgevoed. Ik mocht niet uitgaan

of mezelf opmaken. Ik moest me aan zeer strenge kledingvoorschriften houden. Toen ik dertien was, arrangeerden ze een huwelijk voor me, maar ik weigerde erin mee te gaan.
Als we naar de moskee of een godsdienstige activiteit gingen, kon ik er niet van genieten. Vrouwen worden niet goed behandeld in de islam. Mannen zitten vooraan, vrouwen achteraan. Mijn ouders stuurden ons als kind naar de moskee om de Koran te leren, maar ik groeide op zonder te begrijpen wat ik las. Ik voelde me verloren en leeg.
Ik werd lichamelijk en emotioneel mishandeld door mijn ouders. Toen ik een tiener was, verhuisden we naar Amerika. Toen we daar woonden, zei mijn acht jaar jongere zus een keer 'ik hou van je' tegen mij. Ik was zeventien, en zoiets had nog nooit iemand tegen me gezegd.
Mijn ouders bleven proberen een huwelijk voor me te arrangeren met Pakistaanse mannen in Californië. Ik heb minstens vijftig aanzoeken gehad, maar heb ze allemaal afgewezen. Ik wilde alleen mijn school afmaken en studeren, nu ik in Amerika de kans kreeg.
Mijn ouders zetten me onder druk en zeiden: 'Je mag alleen weg als je trouwt.' Maar ik hield vol en haalde mijn master bedrijfseconomie, waarna ik in Californië aan een goede carrière begon. Maar mijn ouders bleven druk uitoefenen en het eindigde altijd met ruzie. Ze waren heel bekrompen. Ze bleven maar zeggen dat ik moest trouwen.
Mijn broer verhuisde naar Texas en ik besloot hem te volgen. Daar ontmoette ik mijn man, maar mijn familie zei dat hij moslim moest zijn om met me te trouwen. Hij stemde toe om zich tot de islam te bekeren. Hij deed wat ze het uitspreken van de sjahada *noemen. Dat betekent dat hij de islamitische geloofsbelijdenis uitsprak om zich tot de islam te bekeren.*
Dit leidde tot een hoop nieuwe problemen. We hadden veel strijd door de bekering van mijn man. We waren misschien moslims,

maar hadden geen respect voor de islam, en ook niet voor de Koran. Het was heel ingewikkeld. We hadden vaak ruzie.
We kregen onze eerste zoon en toen nog één. Toen onze tweede zoon was geboren, kreeg hij telkens een soort aanval wanneer we op de islamitische manier probeerden te bidden. Dan schreeuwde hij alles bij elkaar. Maar dat deed hij alleen als we baden. Dat was heel vreemd.
Toen kwam mijn man met het plan om zich bij Al Qaida aan te sluiten. Hij werd een extremist. En dat is hij nog steeds.
Op een dag werden we door onze overburen uitgenodigd om bij hen te komen eten. Mijn man zei: 'Daar hoeven we niet heen.' Maar ik wilde wel, dus mijn kinderen en ik gingen erheen. Toen we er waren, bleek dat het een bijeenkomst van de kerk was. Het was een huiskringavond. Maar we konden het gelijk goed met elkaar vinden. Het leek wel liefde op het eerste gezicht. Ik voelde me er thuis.
Ik raakte bevriend met een vrouw van die groep en zij nodigde me elke week uit. Ik keek ernaar uit om hen te horen bidden. Ik merkte dat er gebeden verhoord werden. Ze praatten over wat ze die dag in de kerk hadden geleerd. Ik dacht voortdurend aan wat ze zeiden. Ik werd erdoor in beslag genomen.
Ik kreeg grote twijfels over mijn geloof en begon onderzoek te doen. Hoe komt het dat die mensen zo fantastisch zijn, dacht ik dan. Wat is hun geheim? Ik bedacht dat ik misschien een andere moskee moest opzoeken. Misschien paste de moskee van mijn ouders gewoon niet bij mij.
Maar wat ik ook probeerde – Arabisch leren, mezelf aanpassen – de mensen hoefden me gewoon niet. Niemand maakte oogcontact. Ik kreeg het er benauwd van. Telkens wanneer ik naar de moskee ging, wilde ik naar mijn auto teruggaan en de hoofddoek van mijn hoofd trekken. Elke ervaring was slecht...
Tien maanden nadat ik voor het eerst naar de groep was gegaan, spraken ze over het licht van Jezus. Dat was het verschil. Zij

hadden het licht en ik niet. Dus toen viel het kwartje. Dat was de dag waarop ik de waarheid begreep. Ik kon twee nachten niet slapen.
Een keer werd ik 's nachts ergens wakker van. Er ging een kracht door mijn ziel. Bijna gelijk voelde ik verlichting. Ik merkte dat Jezus me kwam redden. Dit had grote invloed op me.
Nadat ik over de liefde van Christus had gehoord, vertelde ik mijn vriendin dat ik een Bijbel nodig had. Mijn vriendin zei dat ik bij de Psalmen moest beginnen. Ik begon de Bijbel te lezen en werd erdoor gegrepen. Ik kon niet stoppen met lezen. Hiernaar had ik mijn hele leven gezocht! Ik wist dat dit de waarheid was. Dit is Gods Woord! Ik las de Bijbel in een jaar uit.
Daarna ging ik naar Bijbelstudie. Ik vind zoveel waarheid en diepte in de Bijbel, zoveel onvoorwaardelijke liefde.
Toen was er was een vrouwenavond van de kerk. Ik durfde niet te gaan. Ik wist dat ik het heel mooi zou vinden en wat zou er dan gebeuren? Daar hoorde ik voor het eerst christelijke muziek. De woorden waren krachtig. Ik begon te huilen. Ik zag alle vrouwen aanbidden. Ik had me nog nooit zo gevoeld. Het was een heel krachtige avond.
Een andere keer ging de preek van de kerkdienst over verandering. Kort daarna besloot ik eindelijk om Christus als mijn Verlosser te aanvaarden. Ik werd christen in het huis van mijn vriendin. Een paar maanden later werd ik gedoopt.
Een jaar later voelde ik me sterk geleid om zendingswerk te gaan doen. Dat kon niet, want ik had een bakkersbedrijf en kon geen verlof nemen. Een week later kwam er een vrouw de winkel in, die zei: 'Verkoop me je bakkerij, dan kun je je dromen volgen!' Dat was heel bizar! Ik had geen excuus meer, dus ik kon mijn eerste zendingsreis maken. Ik ging naar Tsjechië.
Mijn ouders ontdekten uiteindelijk dat ik christen was geworden. Ironisch genoeg waren ze op dat moment een moskee aan het bouwen. Ze verbraken de banden met mij en spraken harde

woorden. Ze zeiden: 'Je hebt de slechtste beslissing genomen die je kunt nemen. Je zult eeuwig in de hel branden. Jij mag niet op onze begrafenis komen en wij komen niet op de jouwe.' Het was een moeilijk proces waarvoor ik gekozen had, maar nu wist ik heel zeker dat ik mijn kinderen in het christelijk geloof wilde opvoeden. We zijn nu drie jaar verder en ik probeer me nog steeds met mijn familie te verzoenen. We waren op de goede weg, maar plotseling probeerden ze me terug bij de islam te krijgen. 'Je moet met een imam gaan praten,' zeiden ze.
Er waren perioden dat het me pijn deed om naar de kerk te gaan omdat ik wist dat het mijn familie kwetste. Maar dan zeggen mijn kinderen: 'Mama, laten we alsjeblieft naar de kerk gaan! We willen er heel graag heen!' Zij geven me de kracht om te blijven gaan.
De voorganger van mijn kerk stelde me voor om iets in een internationale christelijke studentenbeweging te doen. Nu leid ik elke vrijdag een Bijbelstudiegroep voor deze jongeren. Het is heel bemoedigend om de gezichten van nieuwe studenten te zien stralen. Net zoals dat bij mij is gebeurd.

De verhalen van Mani en Aliya laten zien hoe rijp de velden – vooral in de moslimwereld – zijn om te oogsten. Maar meehelpen in de oogst brengt offers en risico's met zich mee. Jezus zei dan ook: 'De oogst is groot, maar er zijn weinig arbeiders.' Daarom moeten we 'de eigenaar van de oogst [vragen] of Hij arbeiders wil sturen om de oogst binnen te halen' (Matteüs 9:37).
Het onderdeel van de martelaarseed dat boven dit hoofdstuk staat, is: 'Moge het gezicht van Jezus in mij weerspiegeld zijn.' Maar vaak zien we het eerder zo: 'Moge het gezicht van Jezus in mij weerspiegeld zijn, zolang ik er maar niet ongemakkelijk, onpopulair, onveilig, arm, minder invloedrijk of minder belangrijk door word.' We zetten er zoveel kanttekeningen bij,

dat we de roepstem van Jezus, die *ons* in de oogst wil betrekken, kunnen mislopen. Ik begrijp dat ieder van ons andere gaven, mogelijkheden en verantwoordelijkheden heeft en in een andere levensfase zit. Misschien kun je niet naar het buitenland om met moslimvluchtelingen te werken of om je leven voor Christus in de waagschaal te stellen op de gevaarlijkste plekken ter wereld. Dat geeft ook niet. Maar waar je ook bent, je kunt *wel* deel uitmaken van deze wereldwijde beweging om moslims in Gods gezin te brengen.

Omdat we zo bang zijn voor geweld van extremisten kunnen we onszelf ongemakkelijk of zelfs *vijandig* voelen wanneer we mensen met traditionele moslimkleding in een winkel of naast ons in het vliegtuig zien. Maar zoals David Garrison zo treffend opmerkt: 'Dit is niet de tijd om moslims te vrezen, te bestrijden, te haten of om te brengen... Dit is hun tijd om verlost te worden. God houdt van hen – als je vandaag aan Gods kant wilt staan, moet je deel uitmaken van wat God doet.'

De oproep om 'vreemdelingen' met liefde en waardigheid te behandelen, is zo oud als de Thora. God verklaart: 'Behandel vreemdelingen die bij jullie wonen als geboren Israëlieten. Heb hen lief als jezelf, want jullie zijn zelf vreemdelingen geweest in Egypte. Ik ben de HEER, jullie God' (Leviticus 19:34).

Eén van de zwartste bladzijden in de geschiedenis van de Verenigde Staten is een voorval in 1939, toen de *St. Louis*, een passagiersschip met meer dan zeshonderd Duits-Joodse vluchtelingen aan boord die aan de vervolging door de Nazi's waren ontsnapt, niet in Amerika mocht aanmeren. Het schip moest terug naar Europa, waar '254 van hen uiteindelijk in de Holocaust de dood vonden'.

Als je een christen bent die de Bijbel serieus neemt, kun je vluchtelingen alleen maar verwelkomen en vriendelijk behandelen.

Punt.

Iedere andere houding of reactie is volledig onbijbels en iets wat God bedroeft.
In onze tijd van angst en wereldwijde onrust is de manier waarop we met vluchtelingen omgaan één van de belangrijkste indicaties van de ernst waarmee we Jezus volgen.
De toestroom van vluchtelingen naar ons land biedt een ongekende gelegenheid om te getuigen:

- Het is moeilijk om te getuigen onder moslims in het buitenland, maar gemakkelijk om het hier te doen. In delen van het Midden-Oosten en Noord-Afrika is het doorgaans verboden om te getuigen en voor moslims verboden om zich te bekeren. Zoals we hebben gezien, kan op deze overtredingen de doodstraf staan. In ons land zijn we daarentegen vrij om anderen lief te hebben en over God te vertellen. En degenen die een andere godsdienst aanhangen zijn vrij om die liefde te ontvangen en op Jezus te gaan vertrouwen.
- Sommige moslims in het Midden-Oosten kunnen geen kant op. Al voelen ze zich nog zo tot Jezus aangetrokken, hun familieleden en vrienden zullen zich op gewelddadige wijze en ongestraft tegen hen keren. Volgens onze wetten zijn ze hier vrij om Jezus te volgen, en ze genieten hier dus meer bescherming als ze de islam vaarwel zeggen.
- Als jij tegenover anderen getuigt, is het voor hen gemakkelijker om – zowel hier als daar – ook te getuigen naar hun familie en vrienden.

Maar ik moet erbij zeggen dat je getuigenis van Jezus alleen effectief en authentiek is wanneer het uit je hart komt. Het is niet simpelweg een beslissing om je geloof met de moslimwereld te delen. Het moet beginnen bij het *echt* liefhebben van moslims.

Op mijn reizen naar moslimlanden in de wereld kwam ik altijd de meest gastvrije en vriendelijke mensen tegen. Sommige vrienden zijn het niet altijd met me eens, en dat kan wederzijds zijn, maar we waarderen elkaar met een echte vriendschap. Ik besef dat terrorisme en extremisme vooral moslimslachtoffers heeft gemaakt en dat vind ik heel triest. Het breekt mijn hart en ik zou heel graag willen dat ze vrede en veiligheid kenden. Soms breng ik mijn tijd liever met moslims dan met christenen door. Ik ken zelfs veel moslims die Jezus liefhebben en ik houd van veel moslims!

Het gaat nog verder. Al het werk dat ik heb verricht om christenen in het Midden-Oosten te helpen, begon bij de moslimgemeenschap, niet de christengemeenschap. De koning van Jordanië – een moslim en rechtstreekse afstammeling van Mohammed – belegde een kleine vergadering van christelijke leiders uit de hele wereld omdat hij zich zorgen maakte om vervolgde christenen. Hij vroeg ons om hulp en die hebben we gegeven. Ik heb geholpen om meer dan 25 miljoen dollar bijeen te brengen om christenen te helpen in het Midden-Oosten te blijven of hun leven opnieuw op te bouwen wanneer ze ervoor hadden gekozen om te vertrekken.

Het begon allemaal bij een moslim die zijn christelijke naasten liefhad. Hun getuigenis van Jezus in het Midden-Oosten maakte hen aantrekkelijk voor hem en hij wilde hen helpen. Hij kon zich geen Midden-Oosten zonder hen voorstellen.

Dit is misschien nieuw voor je: Jezus houdt net zoveel van die islamitische koning als van die christenen die worden vervolgd. Jezus houdt net zoveel van moslims als van jou.

Leer dat aan je kinderen en je kerk, maar zorg eerst dat je het zelf gelooft. We moeten bereid zijn om anderen – wat het ons ook kost – over Jezus te vertellen, zowel overal ter wereld als in onze eigen leefomgeving.

13

IK HEB MIJN KRUIS OP ME GENOMEN

De boodschap over het kruis is dwaasheid voor wie verloren gaan, maar voor ons die worden gered is het de kracht van God.

1 Korintiërs 1:18

Volgelingen van Jezus zijn niet in oorlog met systemen en de Bijbel leert ons om goede burgers te zijn en ons aan de overheid te onderwerpen. Dit is de opdracht die Paulus de gemeente in Rome gaf: 'Iedereen moet de autoriteit van het bevoegd gezag erkennen, want er is geen gezag dat niet van God komt; ook het huidige gezag is door God ingesteld' (Romeinen 13:1). Bovendien worden we opgeroepen om 'er een eer in te stellen in alle rust uw eigen zaken te behartigen en uw eigen brood te verdienen. Dat hebben wij u opgedragen, opdat u een eerzaam leven zult leiden in de ogen van buitenstaanders, en van niemand afhankelijk bent' (1 Thessalonicenzen 4:11-12). Toch hebben communistische regimes het al meer dan honderd jaar speciaal gemunt op christenen, die ze vervolgen, opsluiten, deporteren en executeren. Naast gevangenneming, afpersing, kwaadsprekerij en diverse vormen van belediging en uitsluiting, is het in beslag nemen van alles wat waarde heeft een belangrijk middel van hun onderdrukking.

Van meet af aan was het communisme gericht op de uitroeiing van het christendom. Vladimir Lenin, één van de architecten van het communisme in Rusland, schreef:

> 'Godsdienst is opium voor het volk' – deze uitspraak van Marx is de hoeksteen van de hele marxistische visie op godsdienst. Het marxisme heeft alle hedendaagse godsdiensten en kerken en elke religieuze organisatie altijd beschouwd als instrumenten van de bourgeoisie om de werkende klasse uit te buiten en in slaap te sussen.

Maar het atheïsme dat ervoor moest zorgen dat mensen hun ketenen konden afwerpen, heeft hen juist rechtstreeks naar de galg geleid. Zoals Josef Stalin zo treffend heeft verwoord: 'De dood van één man is een tragedie, de dood van miljoenen is een statistisch gegeven.' Dit is de nalatenschap van het communisme: talloze miljoenen slachtoffers, veel meer dan die ooit door welke andere ideologie gemaakt zijn. Er zijn veel meer mensen vermoord door het communisme dan door de islamitische jihad. Maar ten diepste is het dezelfde vervolging van hen die Jezus volgen.

Wat macht betreft ziet de Chinese Communistische Partij het christendom als een gevaar: elke organisatie die ultieme toewijding verlangt, internationaal is en snel groeit, wordt als een bedreiging gezien. Dat geldt vooral voor religieuze organisaties. Het Chinese communisme heeft haar verbond met het atheïsme nog niet laten varen: 'In 1955 verklaarde de Chinese communistenleider Zhou Enlai: "Wij communisten zijn atheïsten." In 2014 beklemtoonde de Communistische Partij van China dat leden van hun partij atheïsten moesten zijn.' De godsdienstvrijheid wordt nog steeds strak aan banden gelegd in China.

In april 2016 waarschuwde president Xi Jinping de regerende Communistische Partij om 'resoluut voor buitenlandse infiltratie via religieuze wegen te waken'. Het christendom is hard op weg om tegen het einde van de eenentwintigste eeuw de grootste godsdienst van China te worden en het aantal christenen is nu al groter dan het aantal leden van de Communistische Partij. Nu steeds meer leden van de Communistische Partij christen worden, neemt de onrust bij de communistische regering toe.

De reactie van de regering was om kruizen van kerkgebouwen te verwijderen en in sommige gevallen ook de kerkgebouwen als geheel te slopen.

Pas ontving ik een video van mijn goede vriendin Yvette Issac, een Egyptische televisiepersoonlijkheid, met getuigenissen van christenen in Syrië. De film is hartverscheurend. Yvette interviewde priesters, die vertelden dat het vernietigen van kruizen op kerken één van de allereerste dingen was die IS deed.

Het kruis heeft iets. De vijand haat het kruis. Het is iets persoonlijks. Het herinnert hem eraan dat hij verslagen is en uiteindelijk verslagen zal zijn.

▸ CHINA

Joe

Joe protesteert al een paar jaar tegen de sloop van kruizen, maar christenen gaan verschillend met deze situatie om. Joe is kalm en bedachtzaam. Hij is zachtaardig, goed opgeleid en een goede spreker. Het kruis van zijn eigen kerk is vernield. Maar in een naburige plaats zag hij hoe christenen zich tegen de acties van overheid verzetten. In een wonderbaarlijke reeks gebeurtenissen wisten ze de overheid tegen te houden en hun kruis te redden. Later werden de kerkleiders gearresteerd. De onverschrokken christenen namen het in Beijing voor hen op en de leiders werden vrijgelaten. Toen dat gebeurde, smeekten plaatselijke ambtenaren hen om geen aanklacht in te dienen. De christenen waren welwillend en boden aan om de proceskosten van de *ambtenaren* te betalen. Ze namen de woorden 'zegen uw vervolgers' (Romeinen 12:14) serieus. Met hun goedheid en vergeving verheerlijkten ze de Heer voor het oog van hun vervolgers.

In de afgelopen maand heeft de overheid de resterende kruizen in onze provincie neergehaald. Dat waren ze al geruime tijd van plan. Vorig jaar zijn er overheidsvertegenwoordigers en 'veiligheidsmensen' aangesteld om in de hele provincie het symbool van het christelijke geloof te verwijderen. Als het een groot kruis is, komen ze met zwaar materieel om het neer te halen. Het kruis van mijn kerk werd in 2015 weggehaald. Dit jaar zijn er van een groep plaatselijke gemeentes nog veel meer neergehaald. We blijven hoe dan ook op onze God vertrouwen.
Mijn betrokkenheid bij het protest tegen dit probleem begon in 2014, toen het zich voor het eerst aandiende. We hebben twee theorieën over de wijze waarop de vernielingen begonnen. De ene is dat de partijsecretaris van onze provincie deze inspanningen coördineert om bij de premier in een goed blaadje te komen en zijn politieke positie zeker te stellen. De andere is dat de premier rechtstreeks toestemming heeft gegeven om dit te doen. Maar een vriend verzekerde me dat het centraal partijbureau geen belang heeft bij de vernieling van kruizen.
De regering heeft tegenstand ondervonden. Landen als Engeland, Frankrijk, Duitsland en de VS hebben druk uitgeoefend. Onder Chinese christenen bestaan twee visies op deze overheidsbemoeienis. De ene is: 'We hebben de macht niet om de Communistische Partij te bestrijden.' De andere is: 'We zijn niet bang voor de Communistische Partij. We vertrouwen op God.' In het

laatste geval zeggen ze tegen hun plaatselijke overheid dat ze hun acties in Beijing zullen aanvechten.
In Tiashun maakte de overheid bijvoorbeeld met veel bravoure bekend dat ze een kerkkruis zouden weghalen. Maar de broeders en zusters van die gemeente gingen massaal om hun gebouw heen staan. Toen er duizend overheidsmensen kwamen om de confrontatie aan te gaan, leek het wel een leger. Maar de christenen stonden sterk in hun geloof en wisten de overheid tegen te houden.
De regering wilde hen tot een voorbeeld stellen. De tweede keer dat de overheid actie ondernam, kwamen ze met ambtenaren uit andere plaatsen, tot wel tienduizend mensen, om te kijken wat er dan zou gebeuren. Maar ook nu stonden de kerkleden hymnen en Bijbelteksten te zingen. Na een hele dag gaf de overheid haar poging het kruis te slopen op. Later die avond probeerden ze het opnieuw. Het was de hele dag helder weer geweest, maar toen ze 's avonds terugkwamen, gooide een storm roet in het eten.
Later werden er bevelen uitgevaardigd om twintig leiders van die gemeente te arresteren. Wanneer ze in een winkel hun identiteitskaart gebruikten, werd dit aan de plaatselijke overheid gemeld, waardoor velen in de cel belandden. Een aantal van hen werd op borgtocht vrijgelaten, maar anderen wilden dit niet. Ze waren onrechtmatig opgesloten, dus hun kerkgenoten benaderden de overheid in Beijing om voor hen te pleiten. Uiteindelijk wilde de plaatselijke overheid hen laten gaan, maar met het verzoek dat ze geen aanklacht zouden indienen. De kerk ging daarmee akkoord. Gods naam werd door dit alles zeer geprezen. De regering dacht dat de kerk door het weghalen van het kruis uiteen zou vallen, maar het tegenovergestelde gebeurde.
Velen waren bereid hun leven te geven voor hun geloof. Vanuit de hele wereld hebben journalisten ons geïnterviewd. Dit heeft de kerk wakker geschud. Het geloof heeft een impuls gekregen.

‣ CHINA

Han en Zhang

'We zijn niet bang om te sterven,' verklaart Han. 'We geven er niet om. We gaan gewoon door met het dienen van de Heer.' Met een brede glimlach voegt Zhang eraan toe: 'Ik ben bereid om te sterven!' In alle jaren dat hun voorganger werd geïntimideerd en onterecht vast zat, bleef hun gemeente samenkomen. 'We werden vrijmoediger in ons geloof,' beamen ze. Toen hun voorganger uit de gevangenis kwam, zeiden ze: 'In het begin kwamen we in de kelder bij elkaar, maar nu doen we dat in de zon.'

Ook al gaat dit stel, dat nu heerlijk thee zit te drinken, nog steeds door het vuur, om met de woorden van Jesaja te spreken, ze getuigen van een onverminderde, aanhoudende blijdschap. Han en Zhang komen uit een landbouwstreek in het noordwesten van China. Ze zijn familie en hun band is zowel genetisch als door gemeenschappelijke ervaring gesmeed. Han heeft een donkere huidskleur en een brede, witte glimlach. Hij spreekt met vastberadenheid en een onwankelbaar geloof. Zhang is veel kleiner, maar is duidelijk familie. Ze glimlacht onophoudelijk. Zelfs wanneer ze over hun moeilijkheden vertelt, is ze verrassend opgewekt.

Ze houden hun geurende thee vast en spreken op zachte toon over één van hun familieleden die in de gevangenis is mishandeld. Hij was onherkenbaar, misvormd en lijkbleek. De regering zit hen voortdurend op de nek. Ze hebben gevangengezeten, hun kerkmaterialen zijn in beslag genomen en ze zijn vals beschuldigd. Maar ze zijn het beste wat het christendom kan zijn: gelovigen die zelfs in tijden van grote beproeving een steeds geloof ontwikkelen.

Han

Mijn schoonvader is voorganger. Meer dan vijftien jaar geleden verstoorde de plaatselijke overheid onze samenkomst in een kelder en kregen we te horen dat we niet hardop mochten zingen. Onze voorganger heeft vijftien dagen vast gezeten en later opnieuw – drie keer in één maand. Hij moest 'thee komen drinken', wat betekent dat hij door de overheid werd ondervraagd.

De voorganger kreeg een verbod op uitreizen en daarna zelfs op reizen naar bepaalde delen van China. Ze namen onze kerkmaterialen in beslag – Bijbels, liedboeken, muziekinstrumenten – ook al hadden ze geen huiszoekingsbevel. Hij had een bedrijf, maar dat moest hij opgeven. Uiteindelijk werd hij van 'spionage' en 'omverwerpen van de overheid' beschuldigd en zeiden ze dat hij 'banden met anti-regeringspartijen' had.

Schoolleraren kregen te horen dat ze leerlingen van ouders die onze kerk bezochten in de gaten moesten houden. Twee van die kinderen moesten van school af, een probleem dat grote gevolgen had, want daardoor konden ze later geen baan vinden.

Ongeveer tien jaar geleden werd onze voorganger opnieuw gearresteerd en een jaar lang opgesloten. Er werd geen reden genoemd, er was geen proces en geen veroordeling. Hij werd in een 'zwarte gevangenis' opgesloten, wat betekent dat hij in een illegale gevangenis zat en geen eerlijk proces had gehad. Hij mocht van niemand bezoek ontvangen. Hij werd zwaar mishandeld door de gevangenisdirecteur. Hij was nog maar een schim van zichzelf omdat hij nooit licht zag. Zijn handen werden misvormd. Hij zag er afschuwelijk uit.

Maar toen hij terug was, had hij een nieuw vuur. Hij was nog moediger dan eerst. De kerk bleef samenkomen en we werden vrijmoediger in ons geloof. In het begin kwamen we in de kelder bij elkaar, maar nu deden we dat buiten in de zon. We prezen en aanbaden de Heer in alle vrijmoedigheid in de open lucht.

In de afgelopen twee jaar kwamen er allerlei politieambtenaren

om foto's van onze kerk te maken. Een jaar geleden werden mijn vrouw en ik onrechtmatig gearresteerd toen we de zondagsschool deden.
Dat was acht jaar eerder ook al eens gebeurd. Iemand had me gerapporteerd bij de politie, waarna ik de hele nacht werd ondervraagd en daarna in een cel gestopt. Bij deze tweede arrestatie moesten alle kinderen van de zondagsschool – die pas drie jaar oud waren – met ons mee naar het politiebureau. Hun ouders moesten ze daar ophalen. De ouders kregen hun kinderen alleen mee wanneer ze een verklaring ondertekenden dat ze hun kind nooit meer naar onze zondagsschool zouden sturen.
Mijn vrouw en ik werden elf dagen vastgehouden. Een medewerker probeerde de politie op andere gedachten te brengen. Maar we werden aangeklaagd wegens het 'valselijk gebruiken van godsdienst om de veiligheid van de samenleving te ondermijnen'. De ambtenaren dwongen ons een verklaring te tekenen waarin we beloofden 'dezelfde misdaad niet nog een keer te zullen begaan'.
We namen een advocaat uit Beijing in de arm om het hoofd van politie aan te klagen wegens onwettige praktijken, maar die aanklacht werd verworpen. Maar dat maakt ons niet uit. We zijn niet bang om te sterven. We blijven gewoon de Heer dienen. We worden nog steeds nauwlettend in de gaten gehouden, maar dat is heel normaal voor huisgemeenten. Misschien kost het me mijn leven – wie zal het zeggen? Ik heb tegen mijn gezin gezegd dat ze erop moeten rekenen dat ik twee jaar naar de gevangenis moet. We hebben dingen geregeld, voor het geval er iets gebeurt.
De grootste zegen is de groei van ons geloof. We zijn niet bang voor de regering. Wat we hebben doorstaan bindt ons samen. Vroeger verstopten we onszelf, maar na een zware tijd hebben we nu een kerkgebouw. De gemeente groeit. We bevinden ons aan een belangrijke verkeersader, dus we zijn goed bereikbaar voor zendelingen uit allerlei plaatsen.

We zijn heel actief in onze gemeenschap. We zijn een baken voor onze naasten. We bieden bijvoorbeeld begrafenisdiensten aan in de gemeenschap. Voordat dit allemaal gebeurde, deden we die dingen niet.

Zhang
We vroegen een zendeling uit Singapore om onze gemeente te bezoeken. Op een ochtend waren we vroeg bij elkaar gekomen om te bidden. Het regende en we dachten dat we buiten bliksem zagen, maar het was de politie die foto's nam. Plotseling kwamen ze binnen en zeiden: 'Stop met zingen!
De ambtenaren omsingelden ons en voerden ons mee naar een bus – bijna vijftig mensen. Het was een stuk lopen door de regen naar de bus, maar de kerkleden lachten en glimlachten de hele tijd. Ondanks dit alles waren we nog steeds opgewekt.
Het ironische was, dat onze gastspreker die dag over het doorstaan van vervolging had gesproken. Veel eerder dan verwacht kregen we een levensecht voorbeeld. Vierenveertig mensen werden maar één dag vastgehouden. De andere vier zaten een maand vast. De zendeling uit Singapore werd naar huis gestuurd.
Eén van de oudsten werd in de gevangenis vreselijk mishandeld. Hij werd verkracht. Vaak werd hij van slaap beroofd. Ze trokken aan zijn haren en zijn geslachtsdelen. Hij stond bijna op het punt om zelfmoord te plegen, maar de volgende dag lieten ze hem gaan. Vorig jaar is hij overleden. Hij was een zeer actieve evangelist.
Ik heb mijn man verteld wat hij moet doen als ze mij gevangennemen. Ik zei: 'Als de politie je onder druk zet, zeg je gewoon dat je van mij zult scheiden. En als je me mag bezoeken, moet je warme kleren voor me meenemen.'
Hij weet dat ik bereid ben om te sterven.

Het kruis was altijd al een krachtig symbool voor het christendom. Het begon als martel- en executiewerktuig, maar is nu

het symbool van onze verlossing. Omdat Jezus voor ons aan het kruis is gestorven, is onze zondeschuld betaald. Dankzij Jezus is het kruis een herinnering aan het feit dat God de Vader onze zonden niet langer gedenkt.
Maar het kruis herinnert ons er ook aan dat we onszelf 'als een levend, heilig en God welgevallig offer in Zijn dienst' moeten stellen (Romeinen 12:1). Jezus zei tegen Zijn discipelen: 'Wie achter Mij aan wil komen, moet zichzelf verloochenen en dagelijks zijn kruis op zich nemen en Mij volgen' (Lucas 9:23). Om Jezus te kunnen volgen, moeten we onszelf verloochenen. We moeten onze zondige natuur – met al haar hartstochten, begeerten en angsten – afleggen. 'Want ieder die zijn leven wil behouden, zal het verliezen, maar wie zijn leven verliest omwille van Mij, zal het behouden' (Lucas 9:24).
Het is geen toeval dat degenen die christenen vervolgen het kruis willen vernietigen. Het is niet alleen een symbool van de uiteindelijke overwinning van Christus – wanneer 'Hij alle vijanden aan Zijn voeten heeft gelegd' (1 Korintiërs 15:25) – maar laat aardse heersers ook weten dat christenen zich aan een hogere macht dan zij onderwerpen. Vooral voor totalitaire regimes, die absolute loyaliteit verlangen, vormt het kruis een bedreiging. Hoewel christenen zich aan de regering moeten onderwerpen, zijn daar wel grenzen aan.
Vanwege die kostbare symboliek zijn christenen over de hele wereld eerder bereid te sterven dan het kruis op te geven. Voor ons in het Westen kan dat vreemd overkomen. Hier doen sommige kerken zelfs afstand van dit oude geloofssymbool om 'relevanter' voor de cultuur te zijn. Maar onze cultuur is zo doordrongen van het kruissymbool – je ziet het aan halskettingen, in sociale mediaprofielen, op autostickers – dat het niet eens meer opvalt. Het is een onderdeel van de omgeving geworden. Maar voor veel van onze vervolgde broeders en zusters is het kruis hun verlossing. Het is hun leven

en ze houden van het kruis. Het dragen van het kruis *kost* hen iets. Het kruis op hun handen of armen laten tatoeëren (een gewoonte onder koptische christenen) kost hen iets. Het kruis op hun kerkgebouw hebben kost hen iets. Met het kruis komen ze openlijk uit voor datgene waaraan ze werkelijk trouw zijn. Ze komen openlijk uit voor het feit dat ze Jezus tot elke prijs willen volgen.

Het kruis zou ons allemaal moeten herinneren aan het feit dat het volgen van Jezus een prijs heeft: ons leven. 'Ons kruis opnemen' betekent: aanvaarden dat offers bij het dagelijks leven horen. Offers zijn de frontlinie van een oorlog die we met onszelf en onze zondige natuur voeren. Offers zijn het begin van dienstbaarheid en de prijs van ons getuigenis naar de wereld!

Niemand wint deze oorlog in een oogwenk of in een enkele situatie. Het is iets waarin we voortdurend, de rest van ons leven, dagelijks verwikkeld zijn. We zullen dagelijks – elke dag opnieuw – aan onszelf moeten sterven. We moeten dagelijks sterven omdat we geen *afgekickte* verslaafden zijn. We zijn *afkickende* verslaafden en we zijn verslaafd aan onszelf – onze zelfzucht, onze verlangens, onze veiligheid.

Zhangs laatste woorden in haar verhaal drukken uit wat iedere volgeling van Jezus zou moeten geloven: 'Ik ben bereid te sterven.' We zouden bereid moeten zijn om te sterven omdat het centrale symbool van ons geloof ons herinnert aan de dood van Jezus en Zijn oproep om Hem te volgen.

14

IK HEB AL HET ANDERE AFGELEGD

Liever werd hij even slecht behandeld als het volk van God dan dat hij vluchtig voordeel had bij de zonde; omdat hij uitzag naar de beloning waardeerde hij de smaad van Christus hoger dan de schatten van Egypte. Door zijn geloof verliet hij Egypte zonder angst voor de woede van de koning; hij volhardde, als zag hij de Onzienlijke.

Hebreeën 11:25-27

De hierboven gegeven beschrijving van Mozes laat zien wat het betekent om voor Christus 'al het andere af te leggen'. Al het andere afleggen impliceert een ruil: je raakt iets kwijt en krijgt er iets anders voor terug.

Ongelovigen kunnen niet bevatten waarom je voor het christelijk geloof iets zou willen opofferen. Zelfs christenen hebben hun bedenkingen wanneer ze zien welke prijs gelovigen in andere landen voor het volgen van Jezus betalen. 'Was het offer echt noodzakelijk? Kan er geen win-winsituatie – een compromis – gevonden worden?'

Maar zelfs al is een compromis in sommige gevallen mogelijk en zelfs noodzakelijk, toch is de Bijbel meer dan eens heel helder over het volgen van Jezus. Jezus zegt: 'Niemand kan twee heren dienen (...) jullie kunnen niet God dienen én de mammon'

(Matteüs 6:24). En de apostel Paulus schrijft: 'U kunt niet drinken uit de beker van de Heer en ook uit die van demonen, u kunt niet deelnemen aan de maaltijd van de Heer en ook aan die van demonen' (1 Korintiërs 10:21). Er zijn gevallen waarin het simpelweg onmogelijk is een compromis te sluiten.
In dit hele boek staan voorbeelden van gelovigen die voor hun geloof in Christus een enorme prijs hebben betaald, en toch vond elk van hen dat het de prijs waard was. In dit hoofdstuk staan twee nieuwe verhalen: die van Ahmed en Rayna, twee gelovigen die voor het volgen van Jezus een enorme prijs hebben betaald, maar deze prijs als een schijntje beschouwden.

▸ IRAN

Ahmed

Ahmed is in een streng islamitisch gezin opgegroeid. Toen hij geen hoop zag voor de schuld die hij over zijn zonde ervoer, probeerde hij zich van het leven te beroven. Nadat hij de zelfmoordpoging had overleefd, stelde zijn broer voor om een kerk te bezoeken. Dat deed hij en het beviel hem, maar hij kon niet begrijpen wat het betekende om Jezus te volgen.
Daarna bereikte Ahmed het punt waarop veel moslims volgeling van Jezus worden. Hij kreeg een openbaring: 'De moellah had geen oplossing voor mijn schuld, maar Jezus wel. Hij had Zijn bloed vergoten.'
De beslissing om Jezus te volgen zette Ahmeds leven op zijn kop. Hij kon niet over Hem zwijgen, ook al leefde hij onder een streng islamitische regering. Hij hielp mee een huisgemeente op te richten waaruit nog meer gemeentes voortkwamen.
Ahmed trouwde met een mooie vrouw die Jezus ook liefhad en het avontuur begon. Hij en zijn kersverse vrouw kwamen in de gevangenis terecht. Tot twee keer toe. En ze hielden hun geloof geen moment voor zichzelf.

Ik ben geboren in een fanatiek moslimgezin in Teheran. Als kind maakten mijn ouders me elke dag om vijf uur wakker en dan zeiden ze: 'Kom, opstaan en bidden. Anders zal God je straffen.' Als ik me niet aan het jaarlijkse vasten hield, zeiden ze hetzelfde: 'God zal je straffen.' Zelfs thuis droegen mijn moeder en mijn zus de sluier. Zo toegewijd islamitisch was het gezin waarin ik ben opgegroeid.
Als jongeman beging ik een zonde waardoor ik me heel schuldig voelde. Het schuldgevoel ging niet weg. Het leek me het beste om een moellah te bezoeken en hulp te vragen. Ik heb uren met hem gepraat en gevraagd hoe ik vrede kon vinden. Aan het eind kon hij niets anders zeggen dan: 'Ga heen en zondig niet meer.'
'Luister,' zei ik. 'Ik heb die zonde een maand geleden begaan. En daarna niet meer. Maar ik voel me nog steeds afschuwelijk.' De moellah had me niets te zeggen. Wanhopig ging ik terug naar huis.
Op een dag vond ik een oplossing. Toen er niemand thuis was, verzamelde ik alle pillen die er in huis lagen en slikte ik ze allemaal tegelijk in. Ik wilde dood. Ik raakte buiten bewustzijn. Maar het was niet afgelopen. Ik deed mijn ogen open en lag in een ziekenhuisbed, waar een dokter me aankeek. Hij zei: 'Dit is een wonder. Je had dood moeten zijn.'
Ik dacht: was ik maar dood. Ik ging naar huis en voelde me nog steeds wanhopig.
Op een dag belde mijn broer me op. Hij was christen geworden. Hij zei: 'Ga naar de kerk.' Het lukte me om een kerk in Teheran te vinden. Ik ging erheen zonder te weten wat ik kon verwachten. De zangdienst raakte me. De preek sprak me aan. Daarom bleef ik erheen gaan, maar ik begreep het Evangelie niet.
Toen, op een avond, werd het me allemaal duidelijk. God had in Christus Zijn leven voor mijn zonden gegeven. De moellah had geen oplossing voor mijn schuld, maar Jezus wel. Hij had Zijn bloed vergoten. Ik knielde neer in Gods aanwezigheid en tranen

van blijdschap rolden over mijn gezicht. In mijn hele leven had ik nog nooit zoiets meegemaakt. Ik was zó blij dat ik na de samenkomst door de hele straat heb gerend.
Ik wist dat er miljoenen anderen waren die net als ik depressief waren. Ik wist dat ze in hun geloof geen oplossing voor hun zonden hadden. Daarom moest ik hen over Jezus vertellen. Overal waar ik was, vertelde ik over Zijn vergeving.
Een keer was ik de enige passagier in een taxi en ik begon de chauffeur, Ali, over mijn leven te vertellen. Ik vertelde hem over mijn verleden, over hoe moe ik was geweest en hoe diep ik in mijn zonden verstrikt was geraakt. Ook vertelde ik hem dat Jezus me voor zelfmoord had behoed. Toen ik klaar was, keek Ali me aan en vroeg of ik het dashboardkastje wilde openen. Dat deed ik. Het lag vol pillen.
'Vanmorgen,' zei Ali, 'had ik besloten er een eind aan te maken. Ik was net als jij: zonder hoop. Jij zou mijn laatste passagier zijn.'
Ik zei: 'Wacht, ik moet je nog meer vertellen.' Toen ik dat had gedaan, bad ik voor Ali, zoals ik sindsdien voor honderden Iraniërs heb gebeden die depressief zijn. Daarna gaf ik hem een Nieuw Testament.
Ali keek me aan met ogen vol hoop. 'Het is geen toeval dat je vandaag mijn passagier bent,' zei hij.
Nu zag ik mezelf als soldaat en ik wist dat soldaten getraind moesten worden. Ik had gehoord van een organisatie in een buurland van Iran waar mensen werden opgeleid om het Evangelie te delen en gemeentes te stichten. Dus daar ging ik heen. Na drie maanden was ik beter toegerust om het Evangelie te verspreiden en kwam ik terug in Iran.
Ik ging de straat op om met mensen over Jezus te praten. De mensen waren heel open. Ze kwamen op straat tot geloof! Ik sprak met hen af om hen in een park te ontmoeten. Als ik ze beter kende, nodigde ik ze bij me thuis uit. Zo ontstond er een huisgemeente.

Steeds meer mensen kwamen tot geloof en zij vertelden het weer aan anderen. Al gauw was mijn huis te klein voor iedereen. Dus er kwamen nieuwe huisgemeenten bij.
We wisten dat het verboden was om over Jezus te praten en huisgemeenten te stichten, maar Jezus zei: 'Ga.' Dus dat deden we. We gingen naar andere plaatsen en stichtten ook daar gemeenten. En zo gingen we door...
Ik trouwde met een prachtige vrouw. Ze was heel gelovig en liefdevol. Toen we vier maanden getrouwd waren, op eerste kerstdag, werd er op onze deur geklopt. Het was de veiligheids-politie. Ze kwamen naar binnen en namen onze computers, onze paspoorten en onze papieren af. En mij namen ze mee. Vier politiemannen namen me in hun auto mee naar de gevangenis. Tegen mijn vrouw zeiden ze dat ze later naar een bureau moest komen om vragen te beantwoorden. Daar werd ze gearresteerd. Ik zat 45 dagen in eenzame opsluiting. Veel erger kan volgens mij niet. Er was niemand om mee te praten en niemand om naar te getuigen. Het was een kleine ruimte met maar één raam. Ik mocht één keer per week douchen. En ik mocht één keer per week vijftien minuten naar buiten om naar de lucht te kijken.
Maar na 45 dagen werd ik overgeplaatst naar een grotere cel. Daar zaten vijftien mensen in. Dat was een prima plek. Ze waren het leven allemaal zat en stonden open voor het Evangelie. Ik vertelde hen allemaal over Jezus. Na 78 dagen werden mijn vrouw en ik allebei vrijgelaten. Ze zeiden: 'We laten jullie slechts tijdelijk vrij. Jullie moeten in de stad blijven en terugkomen wanneer we jullie bellen.'
Een jaar later belden ze ons. Ze vroegen me of ik moslim of christen was. Ik zei: 'Ik ben christen.' Ze vroegen het mijn vrouw en ook zij zei dat ze christen was. Ik werd tot zes jaar gevange-nisstraf veroordeeld. Mijn vrouw werd tot vijf jaar veroordeeld. Weer stuurden ze ons naar huis met de mededeling dat ze ons spoedig zouden bellen.

Toen we thuis waren, besloten we dat we Iran moesten verlaten. We hadden geen paspoorten, dus moesten we over de bergen reizen. We kwamen in een plaats waar geen Perzisch sprekende kerk was. We bleven evangeliseren en al gauw was daar een gemeente gesticht.
Mijn moeder, nog steeds een toegewijd moslim, kwam me daar bezoeken. Ze logeerde bij ons en omdat ons huis ook de huisgemeente was, hoorde ze veel over Jezus en het Evangelie. Daar, in die stad waar ik een vluchteling was, gaf mijn moeder haar leven aan Jezus. Andere familieleden van mij kwamen ook tot geloof. Ik was dolblij.
Na verloop van tijd reisden we naar een andere stad. Daar begonnen we een kerk met veertig Iraniërs met een moslimachtergrond. We kwamen in een huis bij elkaar. Maar na een paar weken getuigen pasten we er niet meer in en hielden we twee samenkomsten. We bleven evangeliseren. Al gauw pasten we zelfs met twee diensten niet meer in het huis.
We besloten een grotere ruimte te huren. We vonden er één waar tweehonderd mensen in konden. Ik dacht dat we hier zeker genoeg aan hadden. Maar na een paar maanden bleek dat ook alweer te klein te zijn. Weer hielden we twee diensten.
In krap een jaar tijd gingen we in die stad van veertig naar vierhonderd leden. En de kerk groeit nog steeds.
In mijn periode als vluchteling gaf God mij de tekst uit Romeinen 8:28: 'En wij weten dat voor wie God liefhebben (...) alles bijdraagt aan het goede.' Ik heb veel lijden, vervolging en beproevingen ervaren. Dat was vaak pijnlijk. Maar God blijft trouw. En Hij laat alles meewerken ten goede.

▸ ALGERIJE

Rayna

De zus van Rayna zei: 'Als je in Algerije had gezeten, hadden ze je hoofd afgehakt. Je bent je ziel kwijt.'
Rayna's stem klinkt duidelijk verdrietig. Ze wil heel graag met haar familie verzoend worden. Maar ze komt uit een streng islamitische cultuur in Algerije en voor haar familie is haar liefde voor Jezus onacceptabel. Dat verbaast haar niet, want ze ziet haar voormalige geloof als een op schaamte gebaseerde godsdienst en weet dat het voor haar familie heel belangrijk is wat andere mensen vinden.
Ze was echt niet van plan geweest om een volgeling van Jezus te worden. Ze probeerde haar collega's juist tot de islam te bekeren, maar merkte dat ze steeds meer moeite kreeg met de godsdienst waarin ze was opgevoed. Ze las Gods Woord en ervoer de kracht van de Heilige Geest, waardoor ze veranderde. Nu is ze een toegewijd volgeling van Jezus, ook al betekent het dat ze door haar eigen familie wordt vervolgd.

Ik was een toegewijd moslim. Als tiener werd ik heel erg conservatief. Toen verloor ik mijn vader. Dit was de eerste keer dat ik echte angst ervoer. Ik was bang voor de dood, dus ik wilde dichter bij God komen. Ik begon de hoofdbedekking, de hijab, te dragen en hield me afzijdig van vriendinnen die dat niet deden. Ik ging steeds meer in de Koran lezen.
Mijn moeder was alles voor mij. Ze zei dat we naar Amerika zouden gaan en dat veranderde mijn levensplannen. Wat Algerijnen op tv zien, is hoe we denken dat christenen in het Westen zijn. Dus toen ik als tiener in Amerika aankwam, was ik bang om mensen te ontmoeten. Ik was toegewijd aan mijn geloof en voor mij was de westerse cultuur hetzelfde als het christendom: een levensstijl waarin mensen gewoon deden wat ze wilden. Op

school hield ik vriendschappen af. Ik deed wel aardig en zei hoi, maar intussen dacht ik: o, God, bescherm mij tegen de ongelovigen in de VS.
Ik ging het huis uit en ging bedrijfskunde studeren. Op de universiteit kreeg ik een baan in een chemisch laboratorium en leerde ik mensen kennen. Het bleek een groep goede christenen te zijn. Ze praatten over God. Eén van de jongens had elke dag zijn Bijbel bij zich. Deze mensen spraken over Jezus en over de liefde van God. Hierdoor ging ik anders over het christendom denken.
Hoe beter ik hen leerde kennen, hoe meer ik vond dat ik een betere moslim moest worden. Ik begon naar moslim-workshops te gaan. Eén van de imams daar was ooit een christelijke aanbiddingsleider geweest, maar was moslim geworden. In die moskee sprak ik ook vrouwen die christen waren geweest, maar moslim waren geworden. We praatten over de islam, maar deze vrouwen waren Amerikaans en nog nooit in een moslimland geweest. We hadden het over vrouwenrechten en dat een moslimvrouw moest accepteren dat haar man met vier vrouwen kon trouwen. Dit was de eerste keer dat ik besefte dat ik als moslim niet zomaar wat te kiezen had. Ik moest geloven wat er in de Koran stond. Het was voor het eerst dat ik de realiteit onder ogen moest zien dat vrouwen geen rechten hebben in de islam.
Vanaf dat moment begon ik de Koran grondiger te bestuderen, zodat ik er kritisch over na kon denken. In mijn hart wist ik dat God bestond. Dat is nooit veranderd. Maar ik begon me af te vragen of de man met wie ik trouwde echt in staat was om me naar de hel te laten gaan of niet. Ik had grote moeite met deze gedachtegang. Daarom zei ik: 'God, laat me zien wie U bent.'
Bij een vriendin thuis had een kamergenoot voortdurend zijn Bijbel op tafel liggen. Ik had discussies met hen. Uiteindelijk begon ik die Bijbel mee te nemen zonder het hen te vertellen. Dan bracht ik hem later terug. Ik wilde meer weten over Jezus en wat Hij had gezegd. Ik zag dat de woorden van Jezus rood gedrukt waren.

Dat moest wel belangrijk zijn, dacht ik. Zijn woorden waren heel inspirerend en geruststellend, vooral wanneer het over vergeving ging. Puur door het Woord te lezen maakte de Heilige Geest me duidelijk dat Jezus God was.
Ongeveer een maand nadat ik christen was geworden, besloot ik mijn moeder op te bellen en het haar te vertellen. Eerst dacht ze dat ik een grapje maakte. 'Dus jij wilt zeggen dat God een Zoon heeft?' zei ze. Ze lachte alleen maar. Het was een schok voor haar, dus ik moest haar later terugbellen. Het was gewoon heel moeilijk en aangrijpend voor haar. Maar het eerste jaar leek ze het redelijk te accepteren.
Toen vertelde ik het mijn zus per e-mail. Mijn zus zei: 'Als je in Algerije had gezeten, hadden ze je hoofd afgehakt. Je bent je ziel kwijt.' Later kreeg mijn moeder meer moeite met mijn bekering. Ik ben haar dochter en voor haar is het belangrijk om zich niet te hoeven schamen voor de gemeenschap. Ze zei een keer tegen mijn zus: 'Ze gebruikt in elk geval geen drugs.' Dat betekende dat ik niet helemaal van het pad af was.
Mijn zus praat al zeven jaar niet met me. Toen ik een kind kreeg, stuurde ik haar een e-mail om te vertellen dat ze tante was geworden. Haar antwoord was: 'Moge Allah hem zegenen.' Mijn nicht zag op Facebook dat ik een kruis droeg. Ze schreef: 'Je moet dat kruis afdoen.' Ik zei: 'Dit is wat ik geloof.' Mijn familie kan mijn geloof niet accepteren, maar ik twijfel er geen moment aan dat God ook hen kan bereiken.

Gevangenisstraf. Strijd in de familie. Moeten verhuizen. Het lijkt een hoge prijs en dat is het ook. Maar zowel Ahmed als Rayna waren graag bereid die te betalen voor de blijdschap van het kennen van Jezus.
Wanneer we de kosten berekenen voor het volgen van Jezus, vergeten we wel eens dat het betalen van een hoge prijs alleen dwaas is als je er weinig voor terugkrijgt. Ik vraag me af of we

nog wel weten wat onze verlossing of het kennen van Jezus waard is. De apostel Paulus – die heel wat heeft ingeleverd voor het volgen van Jezus – zei het zo: 'Maar wat voor mij winst was, ben ik omwille van Christus als verlies gaan beschouwen. Sterker nog, alles beschouw ik als verlies, want alles wordt overtroffen door het kennen van Christus Jezus, mijn Heer, omwille van Wie ik alles heb prijsgegeven. In mijn ogen is het waardeloze troep, want ik wil Christus winnen en één met Hem zijn – niet dankzij mijn eigen rechtvaardigheid door het naleven van de wet, maar dankzij de rechtvaardigheid die er is door het geloof in Christus en die God toekent op grond van geloof' (Filippenzen 3:7-9). Paulus betaalde graag de prijs – het verlies van wat hij allemaal had bereikt – om in Christus gevonden te worden.

Dus nogmaals deze vraag: weten we nog wel wat het kennen van Jezus waard is?

Voordat we zelfs maar overwegen om de martelaarseed af te leggen, is het belangrijk om de waarde en de prijs van ons geloof te kennen. In het Westen hebben we zoveel afleiding en vermaak in ons leven, dat we nauwelijks zien wat we betaald hebben en of het dat waard was. Dat is iets waar andere christelijke tradities ons wellicht bij kunnen helpen. Voor westerse christenen, die doorgaans in comfort en veiligheid leven, is het soms nodig om bewust voor ongemak, offers en zelfs lijden te kiezen, zodat we ons met Christus en onze lijdende broeders en zusters kunnen identificeren. Kort na het hierboven geciteerde tekstgedeelte zegt Paulus: 'Ik wil Christus kennen door de kracht van Zijn opstanding te ervaren, door te delen in Zijn lijden' (Filippenzen 3:10). Jezus kennen betekent ook dat we Zijn lijden kennen, 'en aan Hem gelijk worden in Zijn dood, in de hoop ook zelf uit de dood op te staan.' Om de opstanding te kennen, moeten we ook Zijn dood kennen. En dat gaat met offers gepaard.

Maar waar moeten we beginnen? Eén ding dat mijn gezin doet om een groter besef van offers te krijgen, is te proberen de sabbat te houden. Als het even kan, zonderen we onszelf van zonsondergang op vrijdag tot zonsondergang op zaterdag af van de wereld en ons werk. Dat heeft een reden. De sabbat is bij de schepping ingesteld. Hij bestond al voor de wet. In het verhaal van Exodus zegt God dat de sabbat een *geschenk* aan de mens is (zie Exodus 16:29) en een onderdeel van dat geschenk is dat we ons met de Schepper verbinden. In mijn gezin zetten we dus onze telefoons uit, trekken we de stekkers eruit en doen we ons best om te blijven waar we zijn.

We zijn niet gemaakt om altijd maar afgeleid te worden, direct onze zin te krijgen en in zo'n hoog tempo te leven. Het is geen wonder dat we de diepere dingen van God niet begrijpen, geen martelaarseed afleggen en geen offers voor het Koninkrijk brengen. Velen van ons aanbidden vooral hun mobiele telefoon – hun verbinding met de wereld. We zouden net zo naadloos in het Koninkrijk moeten opgaan als we in de digitale wereld opgaan. Paulus zegt dat we onophoudelijk moeten bidden – we zouden altijd met God 'verbonden' moeten zijn zoals velen van ons voortdurend met het internet zijn verbonden. Het internet is er altijd, we kunnen altijd krijgen wat we nodig hebben en ons leven is ermee geïntegreerd. Zo zouden we ook in het Koninkrijk 'ingeplugd' moeten zijn. Zo naadloos moet het zijn. We *zouden* verbonden moeten zijn, maar we zijn het niet.

Dus wanneer we ons afvragen of we alles al hebben afgelegd of er klaar voor zijn, mag ik dan een goede eerste stap voorstellen: koppel jezelf los van al het andere.

Zet je mobiele telefoon uit. Het lijkt simpel, een kinderachtig voorstel, maar dat is het niet. Hij is funest voor je ziel.

Probeer zoveel mogelijk de rust op te zoeken en met God te praten. De geestelijke disciplines – gebed, Bijbellezen, vasten,

enzovoorts – kunnen daarbij helpen, omdat ze ons leren om doelbewust iets voor Christus op te offeren. Het zijn babystapjes op de weg naar grotere offers.
En als wij grote offers moeten brengen vanwege ons geloof, zullen we beslist merken dat Hij elke prijs waard is die wij moeten betalen.

15

IK ZAL JEZUS TOT HET EIND TOE LIEFHEBBEN EN VOLGEN

Ik heb de goede strijd gestreden, de wedloop volbracht, het geloof behouden. Nu wacht mij de erekrans van de gerechtigheid, die de Heer, de rechtvaardige rechter, aan mij zal geven op de grote dag; en niet alleen aan mij, maar aan allen die naar Zijn komst hebben uitgezien.

2 Timoteüs 4:7-8

De nonnen gaan gekleed in de bekende, witte habijt met de blauwe boord, die ook door hun beroemde voorgangster Moeder Teresa werd gedragen. De jonge vrouwen komen uit alle uithoeken van de wereld. Wanneer ze voor het eerst bij elkaar komen, is hun pij misschien het enige wat ze gemeen hebben. Maar in het zendingswerk dat hen is toegewezen blijkt al snel dat ook hun liefde voor de mensen die ze dienen een gemeenschappelijk kenmerk is.

Op de ochtend van 4 mei 2016 gingen vijf jonge vrouwen gewoontegetrouw naar de mis. Na afloop ontbeten ze met elkaar op hun werk: het bejaardentehuis van de Missionarissen van Naastenliefde in Aden, Jemen. Daarna gingen ze aan het werk. Ouderen en zieken in rolstoelen en bedden bevolkten de sober ingerichte ruimtes van het tehuis. De jonge nonnen kenden iedereen bij naam en wisten precies wat ze nodig hadden.

Maar dit was geen gewone ochtend. Wat er na het ontbijt gebeurde, is door één non – zuster Rio – opgeschreven en haar woorden zijn per e-mail door een katholieke vriend naar mij doorgestuurd. Maar ze waren niet getypt, zoals je ze hieronder kunt lezen. Haar verslag van de marteldood van haar zusters, waarbij zuster Sally in de koelcel gespaard was gebleven, had ze met de hand in het Engels geschreven.

‣ JEMEN

De nonnen die in 2016 om hun geloof werden vermoord

De zusters hadden zoals gewoonlijk hun mis gehouden en ontbeten. Om acht uur baden ze nog éénmaal, waarna ze alle vijf naar huis gingen. Om half negen kwamen er in het blauw geklede IS-strijders, die de wacht en de chauffeur vermoordden. Vijf jonge Ethiopiërs (christenen) renden naar de zusters toe om hen te vertellen dat IS er was om hen te doden. Ze werden één voor één vermoord. Ze werden aan bomen vastgebonden en door het hoofd geschoten. Daarna werd hun hoofd ingeslagen.

De zusters renden in tweetallen verschillende kanten op... 'Dood de zusters niet! Dood de zusters niet!' riepen enkele medewerkers, waaronder de vrouw die daar al vijftien jaar kokkin was. Daarom werden ook zij door IS vermoord.

Zuster Judith en zuster Reginette werden het eerst gegrepen. Ze werden vastgebonden, door het hoofd geschoten en hun hoofd werd ingeslagen. Toen de zusters verschillende kanten op renden, rende zuster Sally naar het klooster om pater Tom te waarschuwen. Zuster Anselm en zuster Marguerite werden eveneens gegrepen, vastgebonden en doodgeschoten, waarna hun hoofd op het zand werd ingeslagen.

Intussen was het zuster Sally niet gelukt het klooster te bereiken. Het is onduidelijk hoeveel IS-mannen er waren. Ze zag hoe alle zusters en medewerkers werden vermoord. De IS-mannen waren

al bij het klooster, daarom vluchtte zij de koelcel in, want de deur was open. De IS-strijders zochten haar overal, want ze wisten dat er vijf nonnen waren. Ze kwamen minstens drie keer de koelcel in. Ze had zich niet verstopt, maar stond achter de deur – ze hebben haar nooit gezien. Dit is een wonder.
Een buurman zag hoe pater Tom in een auto werd gestopt. Er is van hem geen spoor teruggevonden. Alle religieuze voorwerpen werden stukgeslagen en vernietigd: onze vrouwe, de crucifix, het altaar, de tabernakel, de spreekstoel – zelfs de gebedenboeken en Bijbels.
Om een uur of tien waren de IS-mannen klaar en vertrokken ze. Zuster Sally verzamelde de lichamen van de zusters. Ze vond ze allemaal. Ook ging ze naar de ziekenboeg om te zien hoe het met de patiënten was. Met hen was alles goed. Niemand was gewond. [IS was gekomen om de nonnen te vermoorden, niet de bewoners van het tehuis voor wie ze zorgden.]
De zoon van de (door IS vermoorde) kokkin had haar mobiel gebeld. Aangezien ze niet opnam, belde hij de politie. Hij kwam samen met de politie ter plaatse en trof de slachting aan. Dat was om half elf.
De politie probeerde zuster Sally daar weg te halen – ze weigerde te vertrekken omdat de patiënten riepen: 'Ga niet weg, blijf bij ons!' Maar de politie dwong haar mee te gaan, omdat IS wist dat er vijf zusters waren en ze waren ervan overtuigd dat ze niet zouden stoppen tot ze ook haar vermoord hadden... Er was te weinig plaats in het mortuarium voor de lichamen van de zusters. Zuster Sally vertelde zuster Rio dat ze heel verdrietig was omdat ze nu alleen was en niet met de zusters was omgekomen. Zuster Rio vertelde haar dat God een getuige wilde en zei: 'Wie had de lichamen van de zusters moeten vinden en wie had ons kunnen vertellen wat er is gebeurd? God wil dat wij het weten.'
Zuster Sally vertelde zuster Rio dat pater Tom elke dag tegen hen had gezegd: 'Laten we bereid zijn tot het martelaarschap.'

IS wilde elke christelijke aanwezigheid uitroeien en vervangen… Dit was de enige christelijke vertegenwoordiging en IS wil al het christendom wegvagen. Ze zijn dus echte martelaren – gedood omdat ze christen zijn. Ze hadden talloze keren in de oorlog kunnen sterven, maar God wilde dat het duidelijk was dat ze martelaren voor hun geloof zijn.
De politie probeert zuster Sally daar weg te krijgen, want IS blijft achter haar aangaan tot ze ook haar hebben gedood. Ze is vol overgave en zei tegen zuster Rio: 'Wat God wil.' Ze zei dat de andere moslims haar met veel respect behandelen. Ze zei dat we moeten bidden dat het bloed van de zusters het zaad voor vrede in het Midden-Oosten zal zijn en IS zal tegenhouden.
Ze waren zo trouw en vol geloof… Ze waren op het juiste moment op de juiste plaats en waren klaar voor de komst van de Bruidegom.

Het doden van christenen maakt het Evangelie alleen maar krachtiger. En het inspireert andere christenen tot groter dienstbetoon. Toen de zendelingen Jim Elliot, Ed McCully, Roger Youderian, Pete Fleming en Nate Saint door de Huaorani-stam in Ecuador werden vermoord, namen vele andere christenen, onder wie Jim Elliots weduwe, hun plaats in om onder de Huaorani te getuigen.
Hun voorbeeld heeft vele duizenden geïnspireerd om de zending in te gaan. Uiteindelijk werden de Huaorani zelf ook volgelingen van Jezus. Ik heb ooit de man ontmoet die Nate Saint had gedood. Hij preekte zij aan zij met zijn 'zoon' Steve Saint. Steve is natuurlijk niet zijn echte zoon, maar de zoon van de man die hij had vermoord. Nu zijn ze door hun geloof in Jezus Christus in één familie verenigd. Dat ze daar samen stonden, was een wonder van Gods genade en goedheid.
Het is altijd al zo geweest – vanaf het ontstaan van de kerk tot op dit moment – dat wanneer christenen vanwege hun geloof

worden gedood, zij vele anderen inspireren om hun plaats in te nemen. Zoals de apostel Paulus het zei: 'Voor mij is het leven Christus en het sterven winst' (Filippenzen 1:21).

Dus hier eindigt onze gezamenlijke reis.

Ik noem nog een keer de treffende woorden van pater Tom aan die nonnen in Jemen, die hedendaagse martelaressen: 'Laten we bereid zijn tot het martelaarschap.'

Want het hart van ons geloof en zijn geloof is hetzelfde. Het is dezelfde Jezus, het is dezelfde missie en het is dezelfde Bijbel. Het is dezelfde liefde en dezelfde passie. Het enige waarin wij misschien verschillen, is onze hang naar veiligheid en zekerheid.

Er is waarschijnlijk niemand die jou vandaag vanwege je geloof wil ombrengen, maar is jouw geloof zo anders dan dat van pater Tom? Is mijn geloof zo anders?

In dit boek hebben we ingezoomd op de martelaarseed die ik lang geleden in India uit duizenden monden heb gehoord. Lees die eed nog een keer en lees hem zorgvuldig. Laat elke regel zwaar op je hart drukken.

Hij zal je iets vertellen. Hij zal je vertellen of Jezus slechts jouw 'levensverzekering' is of dat Hij je leven is. Hij zal je laten zien in welke mate je van deze wereld houdt, of van Jezus houdt.

Dit zijn geen gemakkelijke vragen, maar we leven ook niet in een gemakkelijke wereld. Ik laat je achter met de woorden van Anne van der Bijl, de oprichter van Open Doors en de schrijver van *Gods smokkelaar*. Deze man smokkelde een groot deel van zijn leven Bijbels naar de gevaarlijkste plekken op aarde. Lang geleden was ik eens een poos bij hem thuis. Als mensen afscheid van hem namen, zeiden ze vaak wat wij bijna elke dag zeggen: '*Take care.*'

Dan zei Anne: 'Zeg nooit *take care*. Dat doen we niet. *We take risks.*'

Mogen jij en ik onbevreesde volgelingen van Christus zijn die net als Anne van der Bijl risico's nemen om de missie van onze onzelfzuchtige Heer te vervullen.

CONCLUSIE

VOOR MIJ IS HET LEVEN CHRISTUS EN HET STERVEN WINST

Het is mijn stellige hoop en verwachting dat ik mij nergens voor zal hoeven te schamen. Integendeel, ik zal net als altijd in alle openheid spreken, zodat Christus ook bij alles wat ik nu meemaak zal worden geëerd, of ik nu in leven blijf of moet sterven.

Filippenzen 1:20

Onlangs stond er een vraag op de website Quora over het percentage soldaten dat in gevechtsfuncties dient. De antwoorden verschilden nogal. Sommigen berekenden dat er twaalf ondersteunende militairen achter de linies aan het werk zijn voor elke soldaat aan het front. Anderen zeiden zeven tegen één. Weer anderen drie op één. Maar één ex-militair zei dit: honderd procent vecht aan het front.

Ik denk dat ze allemaal op hun manier gelijk hebben.

De verhalen die ik in dit boek heb gedeeld, gaan over hen die in de frontlinie staan van de gevaren waarmee christenen wereldwijd worden geconfronteerd. Ze zijn in gevecht: kogels fluiten, granaten ontploffen, bommen exploderen en gifgas zweeft door de lucht. Hoewel we gemakkelijk ontmoedigd kunnen raken wanneer we de vervolging in de wereld zien, vooral nu die vervolging escaleert, is de situatie verre van hopeloos. Zoals je hopelijk uit de verhalen en woorden van mij in dit boek hebt kunnen afleiden, banen deze trouwe broeders en zusters voor ons de weg naar de overwinning, zoals martelaren door de hele christelijke geschiedenis hebben gedaan:

Zij hebben hem [de duivel] dankzij het bloed van het Lam en dankzij hun getuigenis overwonnen. Met de dood voor ogen hechtten ze niet aan het leven.
Openbaring 12:11

Maar ook al staan deze gelovigen aan het front, *alle* gelovigen zitten in het leger en wij kunnen – en moeten – *allemaal* aan de strijd deelnemen. Dát is waar de martelaarseed om draait. Hoewel we misschien niet allemaal met onze broeders en zusters in de frontlinie kunnen staan, kunnen we *wel* leven voor de Jezus voor Wie zij bereid zijn te sterven. Nu je hun verhalen hebt gelezen en weet wat ze meemaken, hoop ik dat je geïnspireerd bent om je eigen geloof te onderzoeken en met de apostel Paulus te zeggen: 'Voor mij is het leven Christus en het sterven winst' (Filippenzen 1:21). In ons leven dienen we Jezus, waar en hoe Hij ons ook roept. Mochten we tijdens dat dienen sterven, dan weten we dat de dood 'zijn prikkel is verloren' en 'we ons lichaam liever [zouden] verlaten om onze intrek te nemen bij de Heer' (2 Korintiërs 5:8).
Als je zover bent, moedig ik je aan om de martelaarseed zelf af te leggen. Zoek vervolgens naar mogelijkheden om degenen in de frontlinie op een effectievere manier te ondersteunen. Hier zijn enkele suggesties:

Bid en vast voor hen

Je weet al dat je kunt bidden voor degenen die worden vervolgd en waarschijnlijk doe je dat ook al. Maar dit zijn een aantal specifieke gebedspunten. Bid...

- dat ze standvastig in hun geloof blijven.
- dat ze onbevreesd blijven getuigen.
- dat ze zachtmoedig blijven en vol van liefde en vergeving zijn.
- dat ze de nabijheid van God en de troost van de Heilige Geest ervaren.
- dat hen Bijbelteksten, maar ook psalmen, gezangen en geestelijke liederen te binnen schieten.
- dat God hen beschermt tegen lichamelijke en geestelijke mishandeling en hen spoedig herstelt van de gevolgen daarvan.
- dat ze de gaven van de Geest gebruiken en de vrucht van de Geest laten zien.
- dat hun vervolgers tot geloof in Christus komen.
- dat hun gemeenten groeien en niet door de autoriteiten gedwarsboomd worden.

Raak betrokken

Gebed is de belangrijkste stap en het is ook iets wat we allemaal – ongeacht onze omstandigheden, talenten of tijd – kunnen doen. Maar er zijn nog een paar manieren waarop je onze vervolgde broeders en zusters kunt helpen:

- Laat landelijke politici weten dat je je zorgen maakt over onderdrukte christenen in Azië, het Midden-Oosten, de hoorn van Afrika en Noord-Afrika.
- Deel de liefde van Christus en de vrucht van de Geest met mensen om je heen – en vooral met vluchtelingen. Ga moslims niet uit de weg. Wees vriendelijk. De velden zijn 'wit om te oogsten' en zoals ik in hoofdstuk 12 heb geschreven: het is een periode met unieke kansen voor de gemeente.
- Zet de unieke gaven die God je gegeven heeft in voor degenen die worden vervolgd, ongeacht je beroep, je positie,

je invloed, je omstandigheden, je financiële middelen, je gezondheid... God heeft je gezegend met unieke talenten en mogelijkheden. Bij het bidden van 'Laat Uw Koninkrijk komen, laat Uw wil gedaan worden op aarde zoals in de hemel' (Matteüs 6:10) hoort ook de bereidheid om naar Gods wil gebruikt te worden. Bid dat God je een unieke manier laat zien waarop je vervolgde geloofsgenoten kunt bijstaan.

Geef

Ik kan niet genoeg benadrukken hoe belangrijk het is om de vervolgde kerk financieel te ondersteunen. Het maakt me niet uit aan welke organisatie je geeft, maar geef alsjeblieft aan een betrouwbare organisatie, zodat je zeker weet dat onze vervolgde broeders en zusters ondersteuning krijgen.

Hoe God jou ook roept om Hem te volgen – of je nu je leven riskeert in de frontlinie of door gebed en andere activiteiten vervolgde christenen ondersteunt – ik bid je de bijzondere vreugde toe die je alleen door het dienen van Jezus ten deel zal vallen. Mogen we daadwerkelijk leven voor de Jezus voor Wie onze broeders en zusters bereid zijn te sterven.

OVER OPEN DOORS EN WAT JIJ KUNT DOEN

De interkerkelijke organisatie Open Doors begon in 1955 toen Anne van der Bijl ontdekte dat vervolgde christenen in Oost-Europa en Rusland ontzettend hard Bijbels nodig hadden. Het werk breidde door de jaren heen flink uit. Inmiddels werkt Open Doors wereldwijd in zo'n zestig landen.

Jaarlijks brengt de Ranglijst Christenvervolging van Open Doors vijftig landen in kaart waar christenvervolging het zwaarst is. Bovenaan deze lijst staan landen als Noord-Korea en Somalië. Open Doors steunt christenen die om hun geloof worden vervolgd of verdrukt met Bijbels en christelijke lectuur, trainingen, praktische hulp, traumazorg en noodhulp. Ook wil de organisatie westerse christenen betrekken bij de vervolgde kerk. We doen dit vanuit het geloof dat wanneer één lid lijdt, alle leden meelijden (1 Korintiërs 12:26). En vanwege de zendingsopdracht (Matteüs 28:19) en het geloof dat alle deuren openstaan voor het evangelie van Jezus Christus.

Het werk van Open Doors is afhankelijk van Gods voorzienigheid en het gebed en de support van vele tienduizenden christenen wereldwijd. Help jij mee?

Jouw gebed is hard nodig
opendoors.nl/gebed

Steun ons werk
opendoors.nl/doneren

Kom langs in Ermelo
opendoors.nl/bezoekerscentrum

Postbus 47
3850 AA Ermelo
0341- 465000

info@opendoors.nl
www.opendoors.nl
IBAN: NL08 INGB 0000 007733

APPENDIX

DE MARTELAARSEED

Overweeg om zelf de martelaarseed af te leggen. Dat kan via de website van Open Doors, opendoors.nl.

Ik ben een volgeling van Jezus. Ik geloof dat Hij onder ons heeft gewoond en gewandeld, voor onze zonden is gekruisigd en uit de dood is opgestaan, zoals in de Bijbel staat. Ik geloof dat Hij de Koning van de aarde is en Zijn kerk zal thuishalen. Zoals Hij Zijn leven voor mij heeft gegeven, ben ik bereid mijn leven voor Hem te geven. Met alle adem die ik heb zal ik vrijmoedig Zijn Evangelie verkondigen. Of ik nu veel of weinig heb, veilig of belaagd ben, in vrede of angst leef: ik zal – en ik *kan* – niet zwijgen. Zijn onfeilbare liefde is beter dan het leven en vanwege Zijn genade kan ik niet anders dan Zijn naam verkondigen, al kost het mij alles. Al kijk ik de dood in de ogen, ik zal Hem niet verloochenen. En zelfs wanneer de duisternis mij omvat, zal ik niet vrezen, want ik weet dat Hij me altijd bijstaat.
Al word ik vervolgd, ik weet dat ik niet tegen de mens heb te strijden, maar tegen de machten van het kwaad. Ik zal niet haten, want God heeft mij geroepen om lief te hebben. Daarom vergeef ik wie me bespotten, ben ik genadig voor wie mij slaan en heb ik lief wie mij haten. Ik zal me kleden in zachtmoedigheid en vriendelijkheid, zodat degenen om mij heen – vooral als ze me mishandelen – het gezicht van Jezus in mij weerspiegeld zien.

Ik heb mijn kruis op me genomen. Ik heb al het andere afgelegd. Ik weet dat mijn geloof mij het leven kan kosten, maar ik zal Jezus tot het eind toe liefhebben en volgen – wanneer en hoe dat einde ook zal zijn. Mocht ik voor Jezus sterven, dan belijd ik dat dit niet is om verlossing te ontvangen, maar om dankbaarheid te tonen voor de genade die ik al ontvangen heb. Ik sterf niet om mijn beloning in de hemel te verdienen, maar omdat Jezus mij de ultieme beloning al gegeven heeft door mijn zonden te vergeven en mijn ziel te verlossen.
Voor mij is het leven Christus en het sterven winst.

In Jezus' Naam,
Amen.

APPENDIX

WERKWIJZE

Alle personen in de verhalen van dit boek zijn echt, net als hun verhalen. We hebben in de hele wereld op tientallen locaties persoonlijke interviews afgenomen. Plaatselijke geestelijke leiders droegen de kandidaten aan en wij staafden de details die deze vervolgde christenen ons gaven.

We vertellen hun verhalen in hun exacte bewoordingen, met kleine aanpassingen om iets te verduidelijken of taalkundig te verbeteren. Daarna veranderden we zorgvuldig hun namen, vele persoonlijke beschrijvingen, enkele details en in sommige gevallen de locaties om hun identiteit te verbergen en hen te beschermen.

Anders hadden we met ons werk het leven in gevaar gebracht van degenen die we willen beschermen en die door hun leven talloze anderen nieuw leven geven.

DANKWOORD

Ik bedank mijn geweldige team, dat talloze uren werk heeft verzet om alles wat je hebt gelezen bij elkaar te brengen. Nooit eerder heb ik zulke briljante en toegewijde mensen ontmoet:

- Daniel Lidwin
- Melody Matzdorff
- Rick Nash
- Joann Webster
- Jonathan Williams

Daarnaast zijn er de talloze bronnen die ik met het oog op hun persoonlijke veiligheid niet kan noemen. Dat breekt mijn hart, want zonder jullie had ik dit niet kunnen doen. Maar jullie weten wie ik bedoel.

OVER DE SCHRIJVER

Johnnie Moore is schrijver, gewaardeerd spreker, mediapersoonlijkheid en iemand met hart voor mensen. Vanwege zijn veelomvattende humanitaire inspanningen wordt hij wel 'één van de meest invloedrijke, jonge leiders ter wereld' en 'een hedendaagse Dietrich Bonhoeffer' genoemd. Het Simon Wiesenthal Center heeft hem een medaille voor bewezen moed toegekend. Een prominente geestelijke in het Midden-Oosten noemde hem één van de belangrijkste voorvechters van internationale godsdienstvrijheid ter wereld. Hij verschijnt regelmatig als commentator in landelijke media en heeft voor allerlei landelijke nieuwsbureaus geschreven, zoals CNN, de *Washington Post* en Fox News. Hij is oprichter van een maatwerk advies- en PR-bedrijf dat The KAIROS Company heet (zie www.theKcompany.co) en van de zonder winstoogmerk opererende KAIROS Trust. Moore is bestuurslid van de National Association of Evangelicals, de World Evangelical Alliance, World Help en het Dream Center Los Angeles. Hij is tevens auteur van *Honestly: Really living what we say we believe*, *What am I supposed to do with my life*, *The global war on Christianity* en *Defying ISIS*.

EINDNOTEN

1 Tegenwoordig wordt de bediening geleid door zijn geweldige zoon Samuel Thomas. www.hopegivers.org.

2 http://www.onenewsnow.com/persecution/2015/09/20/every-5-minutes-a-christian-is-martyred.

3 https://www.firstthings.com/web-exclusives/2014/02/rediscovering-the-martyrology.

4 http://www.npr.org/sections/the wo-way/2015/04/02/397042004/muslim-population-will-surpass-christians-this-century-pew-says.

5 Verslag van live interview; CNN: Zeker 200 meisjes ontvoerd door Boko Haram, zeggen Nigeriaanse functionarissen (16 april 2014); eveneens CNN: Bang maar in leven: video lijkt ontvoerde Nigeriaanse meisjes te tonen; http://www.telegraph.co.uk/news/2016/08/14/boko-haram-releases-new-video-of-alleged-chibok-girls/.

6 Yaroslav Trofimov, 'Behind Boko Haram's Split: A Leader Too Radical for Islamic State,' *Wall Street Journal*, 15 september 2016, https://www.wsj.com/articles/behind-boko-haram-s-split-a-leader-too-radical-for-islamic-state-1473931827.

7 Dietrich Bonhoeffer, *The Cost of Discipleship* (), xx.

8 Voor een beschrijving van de helikoptermethode, zie bladzijde XX. [hoofdstuk 7]

9 https://books.google.com/books?id=Bj8AAAAAYAAJ&pg=PA165&lpg=PA165.

10 Jon D. Wilke, 'Churchgoers Believe in Sharing Faith, Most Never Do,' LifeWay, http://www.lifeway.com/Article/research-survey-sharing-christ-2012.

11 Watchman Nee was een twintigste-eeuwse schrijver, gemeentestichter en christelijke leraar in China. Na de communistische revolutie werd Nee vanwege zijn geloof gevangengezet.

12 http://www.wnd.com/2005/05/30366/.

13 C.S. Lewis, *Mere Christianity*.

14 http://www.csmonitor.com/World/Africa/Africa-Monitor/2015/0818/Is-Eritrea-the-North-Korea-of-Africa.

15 Lees meer op: http://www.haaretz.com/israel-news/the-north-korea-of-africa-where-you-need-a-permit-to-have-dinner-with-friends-1.463319.

16 http://www.state.gov/documents/organization/238424.pdf.

17 https://www.gov.uk/government/publications/eritrea-country-of-concern/eritrea-country-of-concern#torture.

18 Nik Ripken, Het dwaze van God: Hoe geloof overleeft in tijden van vervolging, Uitgeverij Gideon, 2013.

19 http://www.reuters.com/article/us-nigeria-boko-haram-idUSKBN0NN0Q420150503.

20 http://www.chinaaid.org/2011/11/clarifying-some-misconceptions-about.html.

21 http://www.cfr.org/china/religion-china/p16272.

22 https://www.facebook.com/promisekeepers/posts/611624758868435 ... En het transcript van de Live 93 CD, Track 17.

23 Apologeticum, hoofdstuk 50.

24 http://www1.cbn.com/cbnnews/insideisrael/2012/June/Dreams-Visions-Moving-Muslims-to-Christ.

25 http://www.christiantoday.com/article/we.are.living.in.the.midst.of.the.greatest.turning.of.muslims.to.christ.in.history/56393.htm.

26 http://www.nytimes.com/2015/07/26/magazine/is-this-the-end-of-christianity-in-the-middle-east.html?_r=0.

27 http://www.christiantoday.com/article/we.are.living.in.the.midst.of.the.greatest.turning.of.muslims.to.christ.in.history/56393.htm.

28 http://www.bbc.com/news/magazine-27373131.

29 https://thinkprogress.org/america-turned-away-jewish-refugees-because-some-were-feared-to-be-nazi-agents-b3f3524b182d#.hc310x8wt.

30 Vladimir Iljitsj Lenin, 'The Attitude of the Workers' Party to Religion,' transcript van Andrew Rothstein en Bernard Issacs,

Marxists Internet Archive, https://www.marxists.org/archive/lenin/works/1909/may/13.htm. benaderd op 9 maart 2017.

31 http://www.brainyquote.com/quotes/quotes/j/josephstal161352.html.

32 Volgens het *Zwartboek van het communisme* is het aantal doden als volgt verdeeld: 65 miljoen in de Volksrepubliek China, 20 miljoen in de Sovjet-Unie, 2 miljoen in Cambodja, 2 miljoen in Noord-Korea, 1,7 miljoen in Ethiopië, 1,5 miljoen in Afghanistan, 1 miljoen in het Oostblok, 1 miljoen in Vietnam, 150.000 in Zuid-Amerika en 10.000 doden als gevolg van acties door de internationale, communistische beweging en Communistische Partijen die niet aan de macht zijn. https://en.wikipedia.org/wiki/The_Black_Book_of_Communism.

33 http://www.conservapedia.com/Atheism_and_communism.

34 http://www.nytimes.com/2016/05/22/world/asia/china-christians-zhejiang.html.

35 https://quora.com/What-percentage-of-Soldiers-serve-in-combat-positions.

Dit was een Gideonboek!

Als je er enthousiast over bent en graag nog eens iets van Gideon wilt lezen, of op de hoogte wilt blijven van wat wij uitgeven, kun je je via onze website aanmelden voor onze digitale nieuwsbrief. We versturen die gemiddeld één keer per twee weken en zullen je dus niet overspoelen met allerlei mails.

Hartelijk dank voor je belangstelling en van harte Gods zegen!